グリーンブックレット
Green Booklet 9

大震災の法と行政

立正大学法学部
創立30周年記念
シンポジウム

立正大学
法学部 [編]
法制研究所

成文堂

はしがき

立正大学法学部教授
山　口　道　昭

　2011年3月11日に発生した東日本大震災は，大地震，大津波に加え，福島第一原子力発電所に未曾有の損傷を与え，日本社会に甚大な被害をもたらした。この「はしがき」を書いている2013年9月現在，すでに大震災から2年半が経過したにもかかわらず，放射能汚染地域の除染は進まず，また，汚染された地下水が海に流出するなど，終息の目途が立っていない。

　さて，本書は，こうした大災害に関し，事態発生後9か月後の時点において開催したシンポジウムの記録である。大災害の関係者のなかには，思い出すこと自体が恐怖であり，忘れてしまいたいと願っている人たちも多いことが危惧された。一方，今後，こうした大災害を，二度と起こさないようにするためには，つらい記憶であっても記録しておくことが重要だろうとも考えられた。本シンポジウムは，後者の考え方から企画・実施されたものである。

　ところで，「災害は忘れた頃にやってくる」との言葉どおり，大災害もまた定期的に起こっている。今回の東日本大震災に匹敵するような大災害で，記憶に新しいところでは，1995年1月17日に発生した阪神・淡路大震災がある。この大地震でも，6,000人以上の人々が，尊い命を亡くされている。

　こうした大災害の発生を受け，災害対策基本法や災害救助法といった基幹的な防災・災害対策関連法が改正され，また，多くの特別立法が制定された。これらの結果，「次への備え」は，できていったともいえる。東日本大震災への対応は，「想定外」の原発事故を除けば，阪神・淡路大震災と比較し，それなりの進歩があったように思われる。

　しかし，東日本大震災への対応が万全であったかといえば，決してそのようなことはなかった。その後の時点で検証すれば，不十分な事態が多々みられるのである。

　いずれにしても，今回のシンポジウムのテーマは，法や行政の進歩と停滞

だった。阪神・淡路大震災から東日本大震災までの16年間の変化を検証したいと考えた。

　シンポジウムは，まず，「震災対策の法的視点―阪神大震災を踏まえて」と題する，阿部泰隆氏（中央大学教授・弁護士，肩書きは当時のもの。以下同じ）の基調講演で幕を開けた。阿部氏は，阪神淡路大震災の当時，神戸市在住で，ご自身も被災の体験をお持ちである。被災のなかで考えた法制度改革について，これまでにも積極的に提言されている。

　次のパネルディスカッションは，中川幾郎氏（帝塚山大学教授・自治体学会代表運営委員），金井利之氏（東京大学教授，自治体学会運営委員），佐藤亜衣氏（南会津町役場総合政策課主事），位田央氏（立正大学准教授）の４人をパネリストとし，山口道昭（立正大学法学部長，自治体学会運営委員，筆者）がコーディネーターを務めた。

　中川氏は，阪神淡路大震災の当時，大阪府豊中市役所に勤務し，自ら被災しながらも市民のために公務に当たられた体験をお持ちである。佐藤氏は，本学法学部の卒業生で，東日本大震災当時，所属する南会津町役場から福島県庁に出向中だった。そして，金井氏は，専門の行政学の立場から，また，位田氏は，行政法学の立場から発言している。

　なお，本シンポジウムは，地域連携の一環として，学会（自治体学会）と大学のコラボレーションにて実施されたものである。学会の協力に感謝するとともに，当日参加された多くの皆さまにも謝意を表するものである。

目　　次

はしがき……………………………………………………………………… i

基調報告　震災対策の法的視点，阪神・淡路大震災を踏まえて
　………………………………………………………阿部泰隆　1

パネルディスカッション………………山口道昭・中川幾郎　30
　　　　　　　　　　　　　　　　　　金井利之・佐藤亜衣
　　　　　　　　　　　　　　　　　　位田　央

基調報告

震災対策の法的視点，阪神・淡路大震災を踏まえて

神戸大学名誉教授・弁護士
阿 部 泰 隆

　皆さん，こんにちは。立正大学法学部創立30周年，まことにおめでとうございます。その記念すべきシンポジウムにわざわざお呼び頂きまして，ありがとうございます。

　私は神戸大学に長年おりまして，あの阪神淡路大震災の時に，後で私の弟子だった位田君から紹介してもらいますけど，『大震災の法と政策』（日本評論社，1995年）という本を書きまして，震災関係では知られております。自分で言うのも何ですが，私ほど早い物書きは学界ではほとんどおりません。阪神淡路大震災の時は毎週1回，しっかりした雑誌に6〜7ページ分の論文を書くというのを33週間続けまして，400ページの本にしましたが，そういうことをした研究者は前後，私の知る限りだれもいません。普通の先生は月に1つ書けば上等ですが，私は毎週書いて，しかも授業を1回も休んだことはありません。余計なことですが，外国へ調査に行く時も，授業をやってから関空に行って，帰国した日は授業をやって，その後，わが家へ帰りましたが，間の1週間は，私が出たテレビのビデオを見せて感想を書かせましたので，休講はしておりません。そのように続けて，たくさんの論文を書いて参りました。

　ところが，せっかくたくさん提言したのがほとんど実現していないので，大変不満です。それで，これからなお実現してほしいことや，考えてほしいことを，いろいろとお話ししたいと思っています。

　肝心な話をする前に自己紹介させて頂きます。私は福島市生まれで，今回，

福島は世界的に有名になりました。だから、「東北弁か？」と言われますけど、実は東北弁ではありません。私は宮城、山形、秋田へ行ったら、言葉が全然通じません。私の言葉は北関東弁であると言っています。茨城や栃木あたりで同じように通じます。渡辺ミッチーと同じぐらいの発音をしているという感じだと思います。福島弁でお聞き取りにくい人もいるかもしれませんが、何とかご容赦ください。

それで、世界的に有名になった福島から東京大学を出て神戸大学へ行ったということですが、専門は行政法という役所の法律です。法律学者というのはアホみたいで、法律の条文のこの文言はどんな意味かとか、仕組みか、なんてばかりやっています。それも大事だけど、それじゃああまり生産的とは言えません。実は、法律をつくる人の頭が悪かったので、後からどんな意味か一生懸命考えているわけです。法律をつくる人の頭が良ければ、法律なんて自動販売機のようになるわけです。それで、後から考えるよりは、むしろもっとまともな法律をつくるべきだと主張しています。まともな法律をつくれば、あんまり議論する必要もありませんから、私は政策法学と称して合理的な法律をつくる工夫をだいぶやってきました。それも一番よくやっているつもりでいます。

そこで、今回の震災に関してですが、震災に関する法律の意味はこうだというだけではなくて、じゃあどういうふうな制度をつくればより合理的になるか、という議論をしています。しかも、学界の主流の学問は大体だめだと盛んに批判ばっかりしていますし、役所に対しても批判しているものですから、もう干されてしまいました。「御用学者総撤退」とホームページにも書いているものですから、もうかわいそうに、絶滅寸前になっています。そこで私は、絶滅しないようにみんなで私を特別に保護してほしいと、レッドデータブックに載りそうだからと言っています。それで、私のトレードマークがニュージーランドの鳥のキーウィーです。PCに張っています。これは人間がいないところに生息していたものだから、飛ぶ必要がなくて飛べなくなって、ところが肉がおいしいから食われてしまうということで特別保護されています。私も人が良くてうまく利用されるという点でどうも似たような状況なので、これと同じく保護してほしいということで、キーウィーが私の

トレードマークです。

　それでは，お手元にお配りしたレジュメをごらんください。今日は，「震災対策の法的視点　阪神大震災を踏まえて」という題です。阪神淡路大震災の経験を踏まえ，そこでうまくできたこと，できなかったこと，いっぱいありますから，それを参考にして，今回の場合，あるいは次の場合に対応しようという話です。

◆震災当日の支援

　今回の場合は，本当にまた，みんな手遅ればかりで，もう頭にきてしまいます。震災の当日は一刻も早く助けなければいけません。72時間過ぎたらだれも助からないとよく言われていますが，その前にもどんどん亡くなっていきます。即日助けるべきですが，救援隊はなかなか来てくれません。今回もだいぶ後の救助になってしまいました。4月や3月末に自衛隊の飛行機をたくさん動員して，あるいは海の中に潜って探したそうです。けれども，私なら，腐乱死体になってから探してもらっても，ひとつも嬉しくありません。生きているうちに探してほしいです。それが，非常に遅れてしまいました。
　即日ヘリを全部飛ばして，全部見て，できるだけ救助してほしかったのですが，ヘリは来たが，行ってしまったと陸前高田の市長が言っていました。
　今回，官僚が飛行機から救援物資を降ろしてはならないと航空法に書いてあるから，物を降ろせない，助けられないと主張していました。たしかに，航空法89条は，「何人も，航空機から物件を投下してはならない」と規定しています。しかし，投下してはならないという規定は，空から物をボンボン落とされたら，私たちはぶつけられてしまいますからという趣旨であって，ヘリか飛行機から吊るしておろしたら，何の問題もないわけです。しかも，「但し，地上又は水上の人又は物件に危害を与え，又は損傷を及ぼすおそれのない場合であつて国土交通大臣に届け出たときは，この限りでない。」とされています。この場合，届出などやっている暇がないので，後から届け出

れば十分です。

　その上，そういう法律は自衛隊には適用がありません。自衛隊法107条で，航空法89条を適用除外しているのです。自衛隊の飛行機から物を落としてはならないと言っていたら，戦争はできませんから。戦地でボンボン，上から落とすわけです。「下でぼやぼやしているな」ということでしょう？　上から落としたものが当たって兵隊が死んだといっても，やむなしです。だから，自衛隊の飛行機から物を投下しても良いことになっています。

　これはごく常識なのに，航空局の役人がだめで，1週間ぐらいたってから，それをやってよろしいということになったのです。その頃はもうみんな死んでいます。即日，救援物資を持っていかなければいけません。それから，大けがしている人はヘリで吊り上げて救助を行う必要がありました。

　阪神淡路大震災の時に，大勢の人達が車で来たものですから，交通途絶になってしまい，救助活動が遅れてしまいました。大阪から神戸に車で来ようとすると，大阪・神戸間には橋は何本かしかありませんから，橋の交通をストップすれば交通途絶を避けることができました。そうすると，「うちの父親が今，死にそうなんだ。だから行くんだ」という人をどう説得するかという問題が起きますが，一人ひとりの話を聞いていると大混乱が生じ，だれも助けられないことになります。従って，そういうのは一切許さず，そのかわり警察，消防が助ける方がたくさん助けることができると説明すべきだったのです。

　あの時，消防は大変混乱していました。消防車が一生懸命放水しているのに，放水ポンプの管を車が踏みつけて，破ってしまうことが多発しました。後から蓋みたいなのをつけるようにしましたが，放水しているところではホースの上を通るなと，交通をストップすれば良かったのです。自動車がたくさん通れるようにするのと火を消すのと，どちらが大事ですか。あんまり難しく考えることはありません。物事で何が大事かは，いろはのいで考えたら，それは人を助けるのが先，火を消すのが先で，一人ひとりが勝手に動くのは抑えなきゃいけないのは明らかです。それで，これから災害の時も常に交通規制することになり，個人が自分の車で逃げるというのも禁止なりました。

それから，こういう緊急の最初の時は，公の救援というのはとても間に合わないから，地域の住民がお互い助けるということが重要です。公助よりも自助と言われます。阪神淡路大震災の時も，自治会組織がしっかりしているところでは，助かる率が非常に高かったと言われています。自治会組織がしっかりしていないと，「あそこの阿部さんのじいちゃん，どうしたかな」と言ってくれないわけです。日頃から近所の人達と仲良くやっていると，「おかしいな。阿部さんのじいちゃんね，見えないぞ。ちょっと家へ行ってみるか」となります。

　障がい者，高齢者といった弱者を支援するためにその名簿が欲しいと言われます。しかし，最近はプライバシー侵害ということになってしまいます。それではどういうふうにつくったら良いのかが問題です。名簿をつくってそのままにしておくと横流しされて，プライバシー侵害が起きますから，普段つくっておくけれども，門外不出としておき，災害の時に，救援のためだけ使うようにするべきです。自治会の中，特別の人が持っているという仕組みが良いでしょう。

　それから，菅首相は，あの3月11日に何をしていたのでしょうか。おそらく原発のことで頭がいっぱいだったのではないでしょうか。原発ももちろん，とんでもない大事故です。もう東京人も絶滅するかもしれないというようなことでした。確かに原発も大変なことになっていましたが，地震，津波対策で，「すぐ，みんな飛んで行け」と，菅首相が一言言ってくれたのかどうか，気になってしかたがありません。

　次に，阪神間でも今回でもすごい火事で，みんな逃げるのが大変でした。普段から，広い空き地など，逃げるところをよくわかっているということが大事だということです。

　火災についてはうまい知恵がないのですが，通電火災という問題があります。停電になっていて，それで電気が来ると，あっちこっちで火災が発生してしまいます。というのは，電気ストーブ等がひっくり返ったままになっているからです。それでは，各家を全部見て，大丈夫になってから電気を通すとすると，いつ電気を通せるのかわからないという反論がありました。でも電気を通したら丸焼けになったり，下手したら大火になってしまいます。電

気を通す時に，できるだけ小さな単位で通して，みんな住民が集まって，「この家大丈夫か，この家大丈夫か」と見て，「この家，OK」と言ったら，「はい。じゃあ，この地域，通します」とか，そういうふうにやるべきです。そのために，電気が来るのが何日か遅れてもしかたがありません。火事よりましだという気がしていますが，いかがでしょうか。万が一，大地震が来た時には，皆さん方，自治会の中であらかじめそういう話し合いをして，やって頂けたらどうかという提案をしているところです。

◆被災者の生活支援，義援金

次に，被災者の生活支援について，特に義援金についてです。今回もたくさん集まりましたが，日赤は全て建物と命だけに配ると言いました。ところが，死者，行方不明者というのは，もちろん証明書が要るわけです。行方不明というのは，しばらくわかりませんが，その場合は金はきません。建物は，潰れちゃったら，かわいそうだと，みんなさんそう思いますね。ところが，建物が潰れたかどうかも，もちろん証明が必要です。それで，全壊，半壊，一部損壊の基準は，法律上は規定がありませんが，全壊は，ペチャンコになっているのではなくて，運用上5割以上壊れたものということにされています。そうすると，この家はだいぶ傷んでいますが，5割壊れたのか，4割なのか。そんなこと，わかるわけがありません。

それで，阪神淡路大震災の時も，罹災証明書については，皆，被害程度が上がりました。我が家は本当は損壊というほどではなかったのですが，「ちょっとひび割れしているじゃないか」と指摘したら，一部損壊になりました。一部損壊では何ももらえず，半壊だったらもらえるので，意味はなかったのですが，何かのおまじないにもらったのです。皆さん，自治体の職員の立場はわかるでしょう？　「こいつ，うるせえな」となって，「でも，1ランク上げてやれば文句言わないや」ということになり，一部損壊を半壊に，半壊を全壊に格上げする証明書が乱発されたわけです。日赤はこんな意味ないものに金をくっつけたわけです。

では，どういうふうに金を配れば良いかというと，ばあちゃんが死んだ，

じいちゃんが死んだというのと，お金が必要だというのは，全然，別の話です。支援金は香典ではありません。今，支援金で助けることができるのは，金で困っている被災者であって，近親者が亡くなった人ではありません。

そして，家が潰れたら，たいてい避難所にいますから，避難所にいる人に一律10万円ずつやれば良いのです。避難所にいる人達は現金も多分あんまりないし，貯金通帳はどこへ行っているかわからないわけです。ですから，避難所にいる人に一律，一人10万円ずつ配って，しばらくたったらまた配ってというのが，一番合理的なやり方です。あと，遠くへ行った人は？　といったら，それも探してやるしかありません。私が日赤だったら，さっさとそうします。

ところが，日赤で配分を決めた親玉は，堀田力というさわやか財団理事長で元検事だと思われますが，私の提案に対して一度も返事がきません。ひとつもさわやかじゃないと私は思っています。私は日赤には寄付しません。

それから，避難所にいる人だけじゃなくて，失業した人や会社が潰れたという人，農業をやっているけど，農作物が収穫できない，売れないという人などに，あるいは，漁民にも同じように配ると良いでしょう。こういう人達に，とにかく当面の生活費を少しずつ出してやるというのが，義援金の配分の仕方で一番良いのではないかと考えています。

義援金を寄付する場合，日赤とか中央募金会へ寄付すればうまくやってくれると思っている方が多いと思います。実はある大学でも日赤に寄付しました。卒業パーティーが流れて，1,000万円のお金が残ったので，それを日赤へ送っちゃったわけです。私はその大学の中の講演会で，日赤に渡すとは理事長，学長以下いかがなものかと言って，ひんしゅくを買っています。

なぜかと言いますと，日赤へ渡せば，使い道は日赤が決めることになります。自分が使い道を考えて自分が配るよりも，日赤へ渡した方が合理的な使い方をしてくれると思ったから日赤へ頼むのでしょう？　だから，その限りで，理事長，学長は日赤の職員より頭が悪いということを自認しているというのが私の主張です。私が理事長，学長だったら，そのばあちゃんが死んだの，家が潰れたというのに，金を配るというやり方はしません。被災者の学生，高校生で大学を受けたいという方が大変苦労しています。そういう人に

大学進学支援基金として少しずつ金を渡すという方が，よっぽど大学の使命を果たすし，またその大学も有名になります。そうすると，評価が高くなって得だというのが，阿部説です。私は日赤の社員より，ちょっと頭が良いという言い分で言っているわけです。

　私は，どこに寄付するかと言えば，福島県内です。ふるさと納税も活用します。本当は，原発で困っている大熊町，相馬等の方がよりお金が必要かもしれません。

　次に，震災孤児教育資金についてです。阪神淡路大震災の時に，私は震災孤児教育資金を出すべきだと提案しました。その結果，義援金を活用して1人あたり100万円を出しましょうという話にはなりました。そこで問題になったのが，震災孤児というのはどういう人かということです。県は震災の日までに生まれて18歳未満の人としました。震災の日までに生まれた人というので，震災の日にはまだお腹の中にいた胎児は対象外とされました。私は，それなら親の顔を見なかった方が，逆に金をもらえないのだから，かえって不公平で，逆差別だと指摘しました。お腹にいたって，子どもは子どもです。

　それで，貝原俊民兵庫県知事に談判に行きました。そうしたら，「忙しいから福祉部長に会え」と言われ，福祉部長と話をしたところ，福祉部長はお腹の中の子は「だれの子かわかならない」ので対象外とすると説明しました。私は「1月17日までに生まれた人はだれの子かわかるの？」と指摘しました。誰の子かわからないといったら，1月17日の前後で変わりません。この指摘に対して，福祉部長は「いつまでも決まらない」と主張するので，「10カ月以上，お腹にいる子はいない」と私は指摘しました。

　民法で相続という時に，父親が死んだ後で生まれてきても，生きていたらその子に相続権があります。福祉部長は民法を知らないのかもしれませんが，担当している遺族年金でも同様になっています。親が死んだとき，お腹にいて，生きて生まれたら遺族年金をもらう資格があります。ですから，お腹にいた子には権利があるのが常識であり，合理的な法の仕組みです。震災孤児教育資金だけこの常識どおりにやらないという理屈はありません。ところが福祉部長は，今度は，「市町村役場で担当するのが大変だ」と言いだしました。こんなことを担当できない役人はいません。とにかく屁理屈をつけても，

一回決めたことは絶対変えないという確信犯的な違法行為をやっているのが役人というのだというのが，私の説です。

　それで，私は県知事にもう一回談判しようと思いましたが，県庁に手紙を出しても，県知事は見ないでしょう。福祉部長の方に回ってしまいます。それで，私は県知事の自宅を知っていますから，直接，県知事の家に手紙を出しました。そうしたら，県知事は私の主張を理解して，「再検討しろ」という指示を出しました。その結果，福祉部長のところでもう一回検討したことにして，慎重審議の結果，お腹にいる子どもにも震災孤児教育資金を出すと決まりました。これは阿部説が実現した非常に限られた例です。

　世の中，難しい学問なんか要らなくて，常識で考えればわかるということをやっていないのが非常に多いのです。何ということはない。みんな，コロンブスの卵だと思います。

◆避難所，仮設住宅

　阪神淡路大震災の時に家がたくさん潰れたものだから，「家を失った人がかわいそう」と大合唱が起きました。私は「違う」と主張してきました。家が潰れたって，借家で生きていられます。持ち家がなくなったから自殺しなきゃいけないなんてことはありません。それよりは重傷を負った人がかわいそうです。吹っ飛んできたテレビに当たって，頭脳に支障を生じている人も結構いました。

　それで，私は，義援金を重傷者に配分しろと主張しました。ところが，ほとんど実現しません。しかも，重傷者の調査はずっと実施していなくて，一昨年ぐらいにやっと実施しました。震災後15年もたってからです。役人というのはひどい。私はさんざん何回も神戸新聞等にこの主張を書いてきました。しかし，皆さんは家の方が大事，大事とばっかり言われるわけです。

　では皆さん，仮に悪魔が来て，「おまえの家か，おまえの手足か，どっちか取りたい。どっちを出す？」と言われたら，私は家を差し出しますが，皆さんはどうですか。手足は出したくない，というのが普通でしょう？　それに，家は潰れたけど，公営住宅は用意してもらえますが，手足はだれもつけ

てくれません。だったら，体が大事でしょう？「いわゆる個人補償なし。人間の国か」という批判に象徴されるように，家が潰れた人に国が家をつくってやらないとは人間の国かという非難が多かったけど，私は違うと主張しています。

　災害救助法では，家をなくした人にはすぐ仮設住宅をつくってやるということになっています。川があふれて，山崩れが起きて，家が流れたら，大急ぎで仮設住宅つくってあげましょうという法律です。それで，阪神淡路大震災の時，「欲しい人？」と言ったら，4万8,300人が手を上げました。「じゃあ，はい。4万8,300つくる」となりました。ところが，いざとなったら，いままでわが家があった敷地やそのそばにつくってもらえると思ったら大間違いです。神戸も広いですから，山の向こうで2時間かかる所にもつくりました。「こんな遠くて」と，皆さん，不平を言われました。しかも仮設住宅に住んでみたら，住み心地が良くない。今回も寒くなるから，なおさら住みにくいと思います。

　しかも仮設住宅は1戸400万円かかります。仮設住宅それ自体は1戸300万円だとしても，まず水道，下水を持ってくるのが大変です。今までの市街地につくるといったら，バラバラで，まとまらないとたくさんつくれません。それで大きな公園をつぶすことにすると，そこに水道と下水道を持ってこなければいけません。あと，それをたたむ時に，また整地する必要があり，これも費用がかかります。結局，費用が1戸あたり400万円かかります。

　ところが，仮設住宅に入居しても，半月で出る人がたくさんいます。それなら，仮設住宅をつくるよりも，民間のアパートに入ってもらって，家賃を補助した方が良いわけです。それと，仮設住宅ができるまでかなりの日数がかかります。その間，避難所にいます。民間アパートならすぐに入れます。家賃を払ってもらったら助かります。「いや，阪神淡路大震災で家が潰れちゃったから，アパートなんか，ないじゃないの」と言っている人が多かったのですが，その後，調査したら，10万戸も空き家があったそうです。

　それから，何も阪神間だけじゃなくて，姫路とか大阪，場合によったら京都からだって通えるわけです。京都からでもドア・ツー・ドアで2時間かかりません。神戸の外れでも2時間かかりますから，神戸の外れの仮設住宅よ

りも，京都でアパートを借りたほうが良いわけです。ところが，制度として，災害があったら仮設住宅をつくると書いてあるから，皆さんはそれしか頭にない。違います。とにかく住み処をどうやってつくるかで，空いている家があったら，それを借りてあげて，家賃を補助する方がよほど合理的な政策です。

今回は少し私の意見のとおりになって，アパートを借りた人は仮設に入ったものとみなして家賃を払ってやるということになりました。ただ，現物支給の原則で，被災者が借りた家の家賃を払うのではなく，県が家主と契約したものを被災者に貸すという方式をとったので，数万件の契約を処理するために時間も手間もかかったのです。被災者は大変いらだったことでしょう。

他方では，今回はこの希望者が非常に多くて，仮設住宅をいっぱいつくるといって業者に資材を用意してもらったら，ムダになってしまったそうです。およそ無計画です。

私は思い切って，どうせ仮設住宅を1戸あたり400万円かけて建設しているのであれば，現金で400万円を，家が潰れてなくなってしまった人に支給するとしたらどうかと提案しています。このお金で自分で仮設住宅をつくっても良いし，わが家をつくっても良いし，民間のアパートなどを借りても良いし，好きなようにしてくださいと言った方が，みんな自由にやれるわけです。わが家の土地が残っている人は，そこに家を建てるかもしれない。400万円で建たなくても，義援金その他がきますし，被災者は生活再生支援法で300万円は支給されるから，1,000万円近くになります。そうすると，立派な家は建てられませんが，とりあえず3DKか2DKでも，仮設じゃない家をつくれるわけです。私はその方が幸せじゃないかと思いますが，現在は，一回仮設住宅をつくって壊して，その後でわが家は全部自分のお金でつくりなさいとなっています。これでは合理的な制度とは言えません。この次に震災が起きた時にも，またこんな非合理的なことをやるのでしょうか。

◆住宅再建

住宅再建というのは国家ではやってやらないということにしています。ど

うしてでしょうか。災害にあった時に，皆さん，「おれは悪くなかったのに」と言いますが，国家も悪くなかったのです。普通に言ったら，例えば，泥棒に遭った時に，「おれは悪くないのに」と言って，国に「金を返して」と要求しても，国は返してくれないわけです。それで，川があふれて家が流れたといっても，国はかわりに家の代金を払ってくれないわけです。川の管理にミスがあれば別です。そういうふうにしないと，何でも国が補償しなければいけなくなります。

ただし，生活できない時は，生活の再建の支援はするということになっています。これは憲法25条の生存権の理念に基づくものです。補償と再建の支援でどういう違いがあるかと言いますと，補償と言ったら，失ったものを全部補ってやるから，3,000万円の家が潰れたら，3,000万円を払ってやるということになります。補償ではなくて支援だといったら，3,000万円の家が潰れても1,000万の家か500万でとか，あるいは公営住宅でということにするわけです。それでもちゃんと生きていけるから，良いでしょう？ という発想です。何も家をつくってやらなきゃいけないことはないと私は思います。

阪神淡路大震災の時は，そのかわりに，公営住宅をつくりました。今までよりもずっと良い家に移った人が普通です。今までなら6畳一間か2間に住んでいた人が，震災後は3DKぐらいの立派な公営住宅へ移って，家族が減ってからもそこで頑張っています。このような人にも居住権があると言われますが，税金で家賃を安くしているのですから，家族が減ったら狭いところへ移って，家族の多い人と入れかわるべきです。

公営住宅は家賃を特別安くしているから，非常に得になります。マンションを買った人と公営住宅に入っている人の可処分所得を比べると，あんまり違いはないことが多いですね。

ところが，この公営住宅に入った人たちは，公営住宅に対して不満を持っています。この人達は，近所つき合いがなくなっちゃった，引きこもっちゃうとか言っています。今までだったら，とにかく立派なマンションじゃないけど，隣の人とよくしゃべっていたけど，今は高層住宅だから，もうしゃべれないとか，外へ出るもの大変だといった不満です。しかし，何でもかんでもうまくいくわけじゃありませんから，少し我慢して，そういう人も出てき

てご近所と話をしてくださいということなのですが，この政策が悪いと主張される方がいます。確かに，なるべくコミュニケートできる，つき合いができるような環境をつくることが大事ということです。

それで，土地を持っていたが，家が壊れたので，もう1回，家をつくる場合，2回，借金することになります。二重ローンの問題ですが，これをどうするか。私は，いや，それは2回借金することはありません，その土地を売って公営住宅へ入れば良いんですと冷たく言っています。しかし，そうじゃない，やっぱり二重ローンになって，かわいそうだから，借金，棒引きしてやれという意見がたくさんあります。今回の震災では借金を棒引きにするそうです。今回は，借金を返せない人の借金は，国が肩代わりするということです。しばらくは国が肩代わりして，その後，支払ってもらうということだそうです。でも，結局は取り返せない。だから，これは国にとって巨額な負担になります。既に1,000兆円の借金をしている国が，またこんなことをやって，どうして解決するんだと言ったら，多分，1回，国庫破産せざるをえないでしょう。国庫破産する前に私は死にたいものだと思っています。あexcluded;これだけの債務負担は，絶対に相当のインフレをやらない限り，解決しません。少しくらい歳入を増やしたってだめですよ。うまい知恵があったら教えてほしいです。

◆高台プランの愚　世界の三大馬鹿公共事業

次は，高台プランについてです。私はこれを「世界の三大馬鹿公共事業」と言っています。これを聞いて皆さんは唖然とすると思います。高台プランとは，海岸では津波に流されたので，そこに住んだら，また流されるから，高台に移るんだという計画です。一見，よさそうに見えるでしょう？　だけど，そうしたら今まで住んでいた所はどうしますか。国が買い上げるか他に転用することになります。津波に洗われた土地は値段はつかないはずですが，その地域の住民は「いやあ，高く買って」と主張します。そこで国が高い金を出して買うとして，その後，どうするんでしょうか。1万年も使わないで置いておく？　いやあね，やっぱりしばらくたって，津波も来ないし，広い

土地だし，もったいないから何かに使いましょうかという議論が始まって，払下げを受けて，結局は住宅をつくります。あるいは，被災地を災害危険区域に指定して，住宅建築禁止にしますが，しばらくたてば，その制度は廃止されて住宅が建つ。工場だけで需要を満たすのは無理です。その頃に津波が来るわけです。だから，高台プランには意味はありません。

　それなら最初から，今まで住んでいた所に住むことにした方が良いでしょう。そうすると，津波が来たらどうする？　と言われます。これに対する私の提案は，普通の堤防はつくり，大きい堤防はつくらず，津波が来た時の対策として，その家の近くのあちらこちらに小山をつくります。家から夜中でも10分歩いたらたどり着く場所にします。その小山は高さ十数メートルの菱形にして，津波は横に流れるようにします。このまちの人全員が小山の上に集まっても大丈夫なぐらいの面積を確保します。そうしておいて，いつもは普通の平地に住みます。津波が来たのが夜中で，酔っぱらって寝ている人はどうするのかという質問があったので，「そんなやつはしょうがない。死んでくれ」と答えました。大きな津波が襲ってきた時に，すべての人が助かるのはほとんど不可能です。ただ，津波というのはすぐ来るわけではありません。地震が来てから20分程度後の余裕があるのが普通のようですから，大きな地震が来たら「逃げろ〜」という話です。10分で逃げられないという人は未来永劫高台に住むか，内陸部に移転してください。

　今回のような大津波は1,000年に1回かもしれません。それで酔って寝込んでいる人まで助けるといったら非常に大変ですから，普通に生活している人がなるべく助かるような仕組みにすべきであり，かつ，コストが安くなるようにすべきです。

　さらに1,000年ももつプランでなければいけません。小山はわざわざ壊すことはありません。ところが，今，やっているのは，高台にみんなが住んでも，「平地で広いな。もったいないな。これ，使おう」といずれなります。そんなプランでは1,000年どころか，100年か50年もてば良い方です。その頃津波が来ます。高台移転は何の意味もありません。従って，馬鹿公共事業というわけです。

　また，ここの海岸にビルをつくって，地震が来た時は5階に逃げるという

案があります。これもとんでもない愚策です。なぜ愚策なのか。50年たったら，ほとんどのビルは取り壊しになり，建てかえます。そのときに金はありますか。今は復興増税というべらぼうな税金を取ってつくります。50年後に復興増税をやるわけはないです。そのときは5階建てをつくると言ったって，住んでくれる人がいなかったらつくれません。低いものしかありません。そのときに津波が来ます。

　それでは，高規格の長大な堤防，つまりは万里の長城をつくりますか。今，膨大な資金を投入して，高さ30メートルの堤防をつくったと仮定します。だけど，堤防にも寿命が何年かあるはずです。メンテナンスをきちんとしなければなりませんが，先になると金はありません。その頃に津波がくれば決壊します。したがって，これは世界の三大馬鹿公共事業になると私は主張しています。

　世界三大馬鹿公共事業とは何かと言いますと，まずは中国の万里の長城，チャイナ・ウォールです。あれは蒙古などの異民族に攻められないようにつくりましたが，結局，何度も越えられています。あれは正面から上がってくる敵に対しては効果がありますが，国が乱れると，中から開けるやつが必ず出ます。満州から攻められた時もそうです。だから，あんな物理的な施設をつくっても，みんな守れるものではありません。それだけではなくて，ほかのソフトが要るわけです。だから，今回もそんな万里の長城のようなものをつくっても，50年後にどこか崩れてきて，直す金がないとなったら，同じことになりますよということです。

　これと同じような話で，私が実際に体験した話があります。私の自治会では地震の時に消防車が来ないということで，自分たちで消そうという話になり，神戸市は，公園の下をわざわざ掘って水槽をつくりました。そのそばに消防ポンプを置いて，みんなでその水で火を消すことにしました。私は自治会長でしたから練習しました。これは重いですね。それを震災後，何年続けられますか？　一生懸命頑張って，必要ないと思いながら練習しても良いですが，それを末代までずっと語り続けられるかという話のほかに，消防ポンプは古くなるでしょう？　実際の消火活動に１回も使ったことがないのに捨てられるわけです。代わりの消防ポンプを買いますか？　何十年もつか知り

ませんが，50年後にもう1回，消防ポンプを買いますか？　金も余っているわけではありませんし，「じゃあ，これ，無駄遣いだ。やめよう」となります。そのころに，また地震が来るわけです。だから，そんなものに頼っていてはだめで，無駄だということです。あれは消防ポンプ会社の陰謀じゃないかというのが私の説です。消防ポンプ会社が売って儲かっただけです。

ですから，今回も高台プランを何人か学者が言っていますが，あれはゼネコンにうまく惑わされているのではないかというのが私の説です。今，貞観地震とかいって，1,000年前の地震のことを言っています。今度の震災の1,000年後に大震災がおきたら，今やったことがいかに無駄だったかということがわかります。その時まで私の本が残っていたら，先を見通した偉い人がいたということになりますが，死んでから誉められてもしょうがないですね。

戦艦大和も，せっかくあれだけのものをつくりましたが，護衛の飛行機もなしに，ろくなガソリンも積ませないで行かせたから，撃沈されてしまいました。要するに，あれは参謀本部がアホ過ぎでした。大体，第2次世界大戦は参謀本部以下，全部アホだったせいだと僕は思っています。私はおやじが戦争で殺されているから，本当に恨み骨髄ですから。

◆街の再建

阪神淡路大震災の時は，まちづくりといったら，区画整理と再開発で，あとは道路だと思っていた人が大勢いました。都市計画屋さんというのは，何かハードのものをつくるというのが中心みたいに思っている人が非常に多いですね。「いや，ソフトだ」と言う人も大勢いるのでしょうが。「地震だ！」となって，家が潰れちゃったとなると，「あっ，この機会に道路をつくれば，補償金，あまり払わずにいけるじゃないか」ということになります。区画整理というのは，グチャグチャのまちをきれいに整形する事業です。家が潰れちゃったんじゃあ，これ，ちょっと動かせば良いんだとか，再開発なんて，家，潰れちゃったら，ここへ大きなビルをつくれば良いと，こういうことでプランをつくってしまいました。

しかし，およそ経済性というか，これで商売が成り立つかを分析しないで

やっています。再開発といったら，神戸では，六甲，新長田を副都心にするとか言って始めましたが，六甲のほうは大阪に近いから，まだ何とかなったみたいですが，新長田はもっと外れです。新長田はそれほど良いブランドではありませんから，住宅を3,000戸あまりつくったのですが，安くしても売れずに，たくさん余って困っています。あんなの無駄と私は言ってきました。神戸市の財政も大変ですが，何も考えずに，そういう無駄ばかりやっています。だれが考えても，そんな新長田へたくさんの人が移ってくるかいな，ということだったのですが，みんな人間は移ってくることを前提にして計画をつくって，区画整理や道路建設を行ってしまいました。

道路については，本当に車があまり通らないのに拡幅してしまいました。なぜここを拡幅するのかと聞くと，あのあたりは全部，終戦直後に，まちの中で人の家があるところに勝手に線を引いて，ここを広い道路にすると計画を立てていたようです。といころが，家が建ってしまったので，この計画が実現しなかったのですが，今回「この機会だ」と言って，実現しようとしたわけです。しかし，実際は途中まで工事をやって，先に進まないという，何の意味もないところが何カ所もあります。ひどい無駄遣いばっかりやっています。だから，まちづくりなんて言いますが，土木屋に任せてはいかんというのが私の言い分ですが，今回，どういうふうにやるのでしょうか。

◆どうすれば良いか？

それではどうすれば良いのでしょうか。今回，私は実情を知らないので，むしろ反論も含めて教えてほしいのですが，僻地，過疎地をどうするか。そこにお金を出して，皆さん住めるようにしてやると言われていますが，それでも自宅は自分でつくりなさいという原則になっているものですから，やっぱり戻れないという人が大勢います。大体，お年寄りに家を新築しろなんて，どだい無理です。若い人も仕事がなければどうしようもないですし，借金もできないのだから，結局，なかなか戻れません。

私は，思い切ってそういう過疎地対策はもうやめようと主張しています。過疎地を維持するのをやめて，都会に来てもらうかわりに，家をあげますと

した方が，費用は安くて済みます。家をあげるという制度はどこにもありません。原則をゆがめるな言われますが，例外として家をつくってやるとか，それとも公営住宅をたくさんつくってやって，そこに貸してやるといった手法であれば，原則をゆがめません。とにかく過疎地を維持するという方が，非常に金がかかってしまいます。近隣のつきあいは残るように集団移転します。

少し話がかわりますが，下水道を田舎につくるのは，私はとんでもない無駄だと，昔から主張しています。下水道がここまで来たけど，100メートル先に1軒残っています。ここまで下水道が来たのだから，かわいそうだからつけてあげようとなります。すると，そのためには1,000万かかります。一方，そこの家に立派な浄化槽をつくってやっても100万かかりません。それであれば，浄化槽をつくってやれば良いのに，ここまで来たから，その家にも下水道をつけてあげようとやっています。その際に，「下水道は景気浮揚効果があるんだ」とかと言われます。当たり前です。金を使えば，何だって景気浮揚効果がありますから，同じ1,000万を別のところに使ったって，景気浮揚効果はあります。水をきれいにするというのが下水道の目的だから，浄化槽でも良いわけです。安くて効果のある方法をと考えなければいけないのに，一部の業者と政治家は無駄金使って，儲かれば良いと思っているようですから，困ったものです。

◆来るべき関東大震災対策、首都直下型地震対策，超大規模災害特別措置法の提案

次に，「来るべき関東大震災対策，首都直下型地震対策，超大規模災害特別措置法の提案」についてです。私の本の最後の章にこういうふうに書いて，東京の人を脅しましたが，反応がありません。今の法制度のままで関東大震災が来たら，対策の講じようがないですよと。また仮設住宅でもつくると言っているんですか。あらかじめ法律をつくって，地震が起きた瞬間に，これを発動するというふうにしていないといけません。

では，これらをどのような内容でつくるべきでしょうか。

まず，帰宅難民対策です。今回の震災でみなさんやっとわかったみたいで

すが、みんなが家に帰ろうとしたらパニックになりますし、大地震が来たら建物は斜めだし、ガラスや看板はいっぱい落ちているし、危険なものがたくさんあります。そんなところで歩いて逃げようとしても、逃げようがありません。車で逃げようとしても、すぐエンストだとか、渋滞だ、事故だといって、ストップしてしまいます。ですから、逃げない方が良いのです。

それで、私はホテルでもコンビニでも駅でも、全部開けなければならないという法律をつくることを提案しました。今回、やっと少しそういう方向みたいです。JRが駅を閉鎖して、みんな駅の中へ入れませんでした。JRでは、駅にみなさんが入ったら事故を起こすのではないかと言っていましたが、電車は走っていません。JRは人のことは考えないで、自分の管理ということだけ考えているようです。

ホテルもお客さんでない人を入れたら何するかわからないと心配しています。確かにそれもそうです。そうですが、最初から暴動を起こすとか、ホテルの中に泥棒ばかり出るわけじゃないと思えば、少なくともホテルの中で、部屋代を払った人は泊めて、そうでない人もロビーとかにいて頂くようにしたらどうでしょうか。もちろん、そこで危ないことをする人がいたら、それは警察を呼ぶしかないし、あるいは、自警団をつくって、みんなで捕まえるしかありません。ただ、そこまでいかないだろうと思います。日本人は災害の時スーパーの前できちんと並んでいるとか、よく誉められているでしょう？　それなら、ホテルでも、みんなそこにいられるようにしてあげたらどうでしょう。会社も、もちろん開放します。機密書類には近づけないように、ロビーなどにいてもらうようにしてあげましょう。とにかく雨露しのげて、一晩しのげたら、だいぶ違うわけですから、そのようにしろというのが阿部説ですが、それは法律をちゃんとつくっておかないと、うまく動きません。「協力をお願いします」と、そのとき言ったって通じません。先に法律をつくって、この法律の趣旨をよくホテルや企業に説明しておいて、いざとなったらご協力頂くとしなければいけません。

法律にあらかじめ規定しておくという点に関して、阪神大震災の時の別の話をします。被災地で皆さん食べ物がなくて、おにぎりが支給されました。おにぎりが100個来ました。どういうふうに配りますか？　阪神淡路大震災

の時は先着順でした。じゃあ，水は？　私のうちは水道が断水しましたが，給水車が来ました。「給水車が来ました」というアナウンスがありました。一生懸命走っていったら，一番先の人がバケツいっぱいもらっていって，後ろの人は全然もらえませんでした。まして家の中で寝ている人はもらえませんでした。水を配っている人は，それで良いと思ったんです。けれども，水は生活必需品で，命にかかわるでしょう？　公平に配らなきゃいけないでしょう？　私がその担当者だったら，グランドにいっぱい集まっている人が数百人いた場合，「番号！」と言います。「1，2，3，4……，はい，10。はい。1，2，3，4……10」と。「はい，100人，100人，100人。あっ，全部で600人ですね。このトラック，この給水車に積んでいる水，何リットルですか。一人当たり，じゃあ，このバケツ1つ分ですね」とします。こういう計算をするわけです。人数が多ければ，バケツを持ってきても，「底のほうだけですよ。それでも今晩はちゃんと過ごせるでしょう？」となります。「いや，うちは洗濯するんです」とか，「風呂に入るんです」とかいう方もいますが，ふざけるなと思います。風呂に入って死んだ人はいますが，入らないで死んだ人はいません。

　おにぎりも避難所へ持ってきておいたら，強いやつが取っちゃって，弱い人は取れませんでした。赤ちゃんを抱いている人は土間に寝ていたという話もあります。ひどい状態になっていました。もちろん，障がい者がいたらお手上げで，騒いだりしたら，みんな嫌がっていました。だけど，そこは温かく，みんなで面倒を見るようにしないといけません。だから，おにぎりなんて，みんな公平に分けるべきです。100個おにぎりが来て，そこに300人いたら，「一人当たり3分の1ずつですね」と，何でできないわけですか。そういうことが全然できていない。

　これを法律化せよと思うのです。法律の条文で書く必要がありますかという疑問を持たれる人も多いでしょう。しかし，何が公平かというのがわかるようにしておかなければならないのです。生活に必要なものは，その必要に応じて公平に配分しなきゃならない，というような条文が欲しいわけです。

　そこまで言わないと，わからない人が多いようです。皆さんはどう思われますか？　大学の授業でこの話をしたら，「早い者勝ちで良いじゃないか」

という学生がいました。若干，私の頭と違い過ぎて。ですから，これは早い者勝ちじゃありませんと，そこまで条文に書く必要があります。くどいのではないかと言われますが，そういうことが全然通じないのが実際のところでした。皆さんは，今は平時だから，冷静に聞くと当たり前だと思うでしょう。でも，そうでもないことはたくさんありましたということです。ですから，関東大震災対策として，そこまでの条文をつくるということです。

　あと，乾パンなどの食料や水を備蓄しようと言われています。だけど，飲み水は備蓄できますが，トイレの水は備蓄できません。あれは多量の水が必要です。それで，震災の際にはトイレの方はすぐ糞詰まりになり，疫病が発生します。

　高層マンションですが，あれは水道も下水もとまったら，もう住めないところで，陸の孤島と一緒です。今の新しい高層マンションは，地震で揺れてもたいしたことはなく，倒れませんと宣伝しています。「まあ助かった」というわけです。だけど，水道が潰れたらだめですから，水道が潰れないようになっているかとかいうこと重要ですね。

　神戸の水道管は，前の震災であっちこっち壊れたので，強いものにすることとしました。ただ，これも水道管会社の陰謀じゃないかと思います。なぜかと言いますと，私自身は神戸に大地震が来るということはないという自信を持っています。地震のエネルギーが解放されたから，しばらく神戸に大地震は来ないでしょう。だから，今，神戸の水道管，強くしたって，多分，むだです。神戸よりは東京の方の水道管を強くした方が良いじゃないかと思います。

　それで，マンションの水道管がどのぐらい丈夫か，私はよく知りませんが，あれは１カ所でも穴が開いたらそこから水が出ちゃうので，１カ所も開かないようになっていないといけないのでしょう。どうせあっちこっちでそういうのは壊れるのではないかと思っています。今回，原子力発電所において，管もちょっと壊れたのではないかと，いろいろ言われているでしょう？　あれだけしっかりしているのにね。だから，水道管もしっかりやっているかどうか，疑問があります。

　それから，私は，震災に際しての強制疎開法をつくれと主張しています。

「人権侵害だ」なんて言う人は世の中にいくらでもいますが，強制疎開をやって，殺すと言っているわけではありません。たくさんの人が東京にいたら，東京のまちがもたなくなります。だから，今，ここで働かなきゃいけない人以外は，もう全部，疎開させましょう。全国的にプランをつくって，どこの村では何人引き受けるとか決めて，それで，文句言わせないで，「おまえは佐渡島だ」，「おまえは福島市だ」とか実施するわけです。

第2次世界大戦の時，福島のわが家にも疎開してきた人がいました。食べるものがなくて，田んぼのあっちこっちで野草のたぐいを取ったりしました。私は疎開はしませんでしたが，あのころはタンパク質が足りないよという時代でしたから，田んぼでイナゴを捕って食べていました。学校では授業を休んでイナゴを捕って売っていました。さらに，私は無免許の違法行為で，空気銃でスズメとハトを捕って食べていました。「おかげで，今日，阿部の頭があるんです」とかと言って，顰蹙をかっているいるわけです。また，あの当時，田んぼのアカガエルを捕って食べたのですが，あのモモ肉は鶏と一緒でうまいんですよ。だから，阿部の今日あるのはアカガエルのおかげと，わざわざ私の本にも書いてあります。

それで疎開するとそんな生活になるけれども，でも何とか生きていけるわけです。みんな日本人は優しいから，受け入れてくれますから，まあ餓死するようなことはさせないだろうということです。ところが，東京にいたら餓死どころじゃない。だから，どうしても東京で仕事をする人以外は，もうとにかく全国に散らばすという法律をつくって，計画を立てて，地方に行けと言われれば素直に受け入れて，受け入れる側のまちも一生懸命協力するという体制をつくらなきゃだめじゃないかと思っています。

それは地震だけじゃなくて，北朝鮮からミサイルをボンと撃たれても一緒です。あるいは福島の原子力発電所がもう一回，バーンとやって，死の灰が降ってきたって一緒です。とにかく，こういう非常事態対策法というのがないので，それで，オタオタして，ちゃんとできていないというのが私の主張です。

あと，東京に仮設住宅をつくるといったって，まとまった所はありません。今までの考え方では，仮設住宅をまとめてつくるとなっています。私の家が

潰れたから，私の家があった所に仮設住宅をつくりたいといっても，だめですと言われてきました。このやり方は，やっぱり普通の人の常識に反します。私の土地に仮設住宅をつくって，私が住むと言ったら，不公平だというのが役所の言い分なんです。土地がある人だけが仮設住宅をつくれて，ない人はつくれないのは不公平だから，土地がある人でも不便な山の中の仮設住宅へ行ってくださいと，こう言われてきたわけです。こんなのが公平なのでしょうか。あんまり無理言わないで，土地を持っている人は自分の土地に仮設住宅をつくって，下水，水道は，そのうち来きますとした方が，ずっと合理的じゃないかと私は言っています。土地のある人は，確かに少しは有利ですが，土地を持っているのが有利なのは当たり前の話です。土地を持っていない人に比べて土地を持っている人は有利だと言われても，それはしょうがないと私は思います。

　震災が起きたら，この機会に東京のまちを改善するかなんていっても，楽ではありません。改善するのであれば，小さな敷地は隣と合併しなければいけないとか，いろいろ工夫するしかないのですが，そんなこと急にやったって無理ですから。「じゃあ，ふだんからやっておけば？」ということになります。ふだんは動機がなくて，なかなか実施できないのですが，やはり今のうちに，小さな家が集まっているところや，道路がグニャグニャとかいうところは計画をつくっておいて，万が一，地震が来たら，パッとそれを発動するとか，何かあってたら発動できる計画をつくっといたら良いかも知れません。

　次に，私は，マンションや大きなビルは巨大な不良資産になると思っています。一戸建ては壊れたときに自分で建てかえます。だれかと相談する必要もありません。金がなければやめますが，何とかできる人も，ある程度います。しかし，マンションは困ります。マンションの古くなったものについては，お金のある人は出ていってしまいます。だから，地震が来なくても，再開発はどこの国でも問題なわけです。それで，お金のない人が残っていて，建て直す金はだれももっていないし，そんなの，する気もないわけです。ましてや老人だったら建て直すための借金もできません。だから，「おれは，このままいる。おれが死ぬまでは，このビルはもつんだ」と，こう言ってい

るわけです。これはどこでも困っています。

　マンションの場合，ただでさえこのような状況ですから，地震の時はなおさらです。地震の時でも，ひびが入ったが，修理で済むなら良いけど，建てかえようかとなると，もう話はまとまりません。しかも，阪神淡路大震災の時に困ったのは，修理だったら，ろくに政府から金が出なかったことです。取り壊すのだったら，壊し賃も出します。それも1年内と言われたものですから，大慌てで壊すというところが増えてしまいました。修理しても済む建物を壊させているという，とんでもない愚策です。修理だったら，あまり金を出さないで，建てかえなら金を出すという政策が基本的に間違いで，とにかくできるだけ修理で済ますという政策でなければいけなかったのです。壊すよりも修理により多くの金を出した方が良かったのです。

　それで，建て替えの場合，これまた，おかしな制度になっています。今，住民の過半数じゃあだめで，4分の3の賛成とか何かないと建て替え決議ができません。4分の3の賛成があれば，反対する人を押し切って建て替えはできることにしたのですが，それもあくまでも建て替えだけです。それを壊して，更地を売り払うという選択肢はありません。なぜかというと，「おれはここにいたい」という人の権利を侵害するからということになっています。だから，更地にして売る場合には，全員合意となっています。だけど，全員が同意することはありえません。そうすると，建て替えるときは反対する人が少しいても良いということですが，そんなところへ建て替えるといったら，これは何年もかかります。建て替えの費用も大変です。「私は金はない」という人は大勢います。

　それで，建て替えの間，よそで家を借りていて，建て替えが終わったら，また戻ってくることになります。二重生活になって，建て替えに何年もかかっていると，戻る人はあまりいません。だから，阪神淡路大震災で壊れたマンションで，建て替えたけれども，戻ってくる人はもう半分以下というのは，ゴロゴロあるはずです。

　皆さんは，震災直後は住み慣れた所に戻りたいなんて言っています。なぜ同じ建物へ戻りたいの？　と疑問を持つけど，皆さんは同じ建物に戻りたいと言います。「だから，建て替えるんだ」と言っている人が大勢います。だ

けど，いざとなると戻ってこない。だから，建て替えなんて選択肢はなしの方が良いのです。

　どういうことかと言ったら，どうせ震災で壊れたのだから壊してしまって，更地にして売って，業者がそこにマンションを建てて，それで買いたい人が買うということにします。とにかく皆さんは敷地の所有権というか，これは共有持ち分ですが，これを売り払って，お金をもらって出るわけです。これじゃあ家は建ちません。でも，それをもらって借家するのでも，遠くの方で家をつくるのでも自由にしてくださいという方が，早く人生を回復できます。マンションを建て替えるのを待っているのは大変です。それなのに，さんざん会議を開いて，けんかばっかりしています。隣の人は建てかえ派，うちは修繕派といって，けんかばっかりになっているわけです。こんな大変なことをやるよりも，もうパーッと売ってね，きれいさっぱり，「おれは，よそで家を借りるわ」と，その方が良いと思います。ところが，今は法律が妨げていて，そういう選択肢がありません。

　建て替えたくないという人の権利を保護することが大事だと法律家が言うから，実際の生活を回復できない。法律家のかなりが物事を大局的な観点から見ていないということです。

　話が少し替わりますが，宮城県，岩手県で津波が来たところに住まないようにと，高台へ行きましょうねということで，従前の土地に家を建て始めると困るから，建築制限しています。私はこれを憲法違反だと言っています。自分の土地に家を建てるなと言えるのは，裏の崖が崩れそうなところだけです。これは危ない。あなたの命はあなたのものだから，勝手にしろと言いたいところですが，そんな危ない所には住むなということです。だけど，安全だったら住めるわけです。

　津波の方は，いつ来るのかわかりませんが，来る確率も低いでしょう。その時逃げられるかどうかわかりませんが，逃げられるかもしれないでしょう？　おれは山の上へ行って借金して家をつくるよりも，ここにつくった方が良いやと思う人もいるでしょう。

　後で位田君が言うけど，結局，人生，リスクマネジメントです。そこで，一度津波で流されたからといって，次に来るのは1000年後かも知れないのに，

広い平地で，今回，浸水したから建築を制限しますとかいうのは，憲法違反，財産権を過度に制限していると思います。

　こういう大災害が起きると，もう集団ヒステリーと一緒で，発想が異常になってしまいます。もう少し正常な頭で考えて，合理的に考えたら，平地に家をつくりたい人は時々報道されていますが，これは当たり前だと私は思います。

　少し話は違いますが，鹿児島の桜島が噴火して石が落下してきます。それで，ここは危ないから引っ越しませんかと，集団移転事業を実施しました。だけど，引っ越したら，そこで家を自分でつくるとか，金がかかります。「おれはここのままでいい。石が落ちて死んだら，そのときでいい。」「もう70まで生きたんだから，あと10年か5年か，大した違いはない，認知症になる前に突然事故で死ぬのは幸せ」と考えるのも，これも一つの選択です。国が全部金を出すといったら別ですよ。だけど，国が「少しは自分で，金を出しなさい」と言うなら，今のままの方が，金がかからないから良い。少しは危険だけど，危険と金の問題です。

　もし関東大震災が再来したら，日本経済はもう本当にストップしてしまいます。今回，原発は本当に危ない瀬戸際でとまっていますね。もう一回，水素爆発なんかバーンとあったら，放射能がいっぱい落ちてきて，この辺も住めなくなってしまいます。そういうことになって，それで日本経済はストップしてしまいます。

　そうなった場合にどこで受けるかといったら，関西しかありません。関西で何が余っているといったら，伊丹空港が余っています。関西新空港を海の上につくって，本当は伊丹空港を廃止するはずだったのを，廃止しないで残しています。そこに神戸空港が勝手に割り込んじゃったから，共倒れになってしまいます。それで伊丹空港を，もともと潰すはずだったから，あれを潰して，売って，それで関西空港の金にして，関西空港を助けて，それで伊丹空港のところにニュータウンをつくって，霞が関の官庁をある程度移しておくとか，何かできないかなと考えています。

　大規模地震災害対策特別措置法という法律があります。この法律は，東海地震だけは予知できるというつもりでつくっているのです。なんか地下のナ

マズね，他のナマズは得体が知れないんだけど，静岡のあたりの海の中にいるナマズは，どういうふうに動くかわかるつもりでいて，そして事前に予知するということです。そうすると皆さん，「あと何時間で地震が来ます」と言われて，新幹線をとめるとか，いろいろやるはずです。海水浴をやっている人は，「丘に上がれ」となるはずです。だけど，地震というのは，どこでいつ起こるか，だれも正確には予知できないわけです。だって，ゴムを引っ張って，どこから切れるか，なかなかわからないでしょう？ 地震はたかがゴムじゃないんだから，もっとわからないものです。それなのに予知できるということで，多分，今まで1,000億円ぐらいはかけています。

東大の地震研究所のある研究者が私のところへ来て，「実はこういう無駄なことをやっている，見込みのないことをやっているから，法律的にこれをとめる方法はありませんか」と相談されました。裁判でとめるのは無理だろうと思ったけれども，政策的には，これは非常に無駄です。アメリカ人の学者が，これは無駄だということは言っています。それなのにずっとやっています。だから，蓮舫さんも業務仕分けでこれをやり玉に挙げれば良いんですよ。もちろん，私は高速増殖炉もんじゅも，あんな危なくて，世界中，どこでもうまくいっていないんだから，無理してやることない，あれも業務仕分けでやめれば良いと思っています。この地震対策特別措置法を廃止して，この予算をやめて，そんな直前予知なんて考えず，もう少し長期の予知をやって，あとはその対策をやるべきです。つまり，地震はいずれ来るので，来た時にどうするかという対策が重要です。

今回の地震の時に東北新幹線，うまくとまりましたね。あれは新しい何か技術でしょうか。東海道新幹線はとまるのでしょうか。私は地震が来そうだったら，飛行機で来るかと思いますが，東海道新幹線がひっくり返って，ぶつかったら，何万人単位で死にます。それを心配していて，東北新幹線で機能したシステムが本当に動くんだったら，すごく良かったですね。

東海地震が来たら死者何千人とか言っているでしょう？ あれ，全部うそです。なぜかというと，一番危ない時を想定していないからです。一番危ない時って，例えば夏の海水浴シーズンのお昼に津波が来て，しかも遠くじゃない，近くで地震が起きて津波がすぐ来たら，みんな丘に上がる暇がありま

せんから，何万人か何十万人単位で流されます。

　あと，よく言われるのは，冬の夕方で，風が吹いている時に地震が来て，大火になって丸焼けという状況です。それが起きたら，死者が何千人単位じゃないはずなんです。ところが，そういう調査をするというか，そう言うと，パニックを起こすから言わないわけです。だけど，本当のことを言ったら良いんです。だから，私は新幹線がひっくり返るかどうかを教えてほしいんですよ。本当のことを言えば良いんです。そうしないと対策が講じられません。国民を心配させちゃあいけないなんて，実際の時は，とんでもない心配させているんですから。（その後，東南海地震で集十万人死ぬという報道がなされた）

　ということで，予測なんかやるよりは，対策にちゃんとお金を使った方が良いのです。

　いろいろ雑駁な話をしましたが，これで阪神淡路大震災の経験をかんがみ，あと今回のほうは，少し勉強したけど，これからの大震災対策のために，あれこれ制度をいろいろいじって，より安全に，少しでも犠牲者が少なくなるような仕組みをつくっておくことが必要です。それもあんまりむだ遣いしないでやった方が良いというのが，私の主張です。

　じゃあ，どうもお時間をいただきまして，つまらない話を聞いて頂きまして，大変ありがとうございました。

　　震災関係阿部泰隆著
　　『大震災の法と政策』（日本評論社，1995年）
　　『行政法の進路』（中大出版部，2010年）。この第6章　政策法学の進展に，阪神淡路大震災の時の震災対策などを整理している。また，それまでの阿部論文の出典を示している。
　　東日本大震災と原発事故関係としては次のものがある。
　　「大震災・原発危機：緊急提案」法時2011年5月号70～78頁
　　「大震災・大津波対策の法政策」自治実務セミナー2011年7月号
　　「原発事故から発生した法律問題の諸相」自治研究87巻8号3～33頁。
　　「被災者金銭支援の正義論」自治実務セミナー2011年8月号。
　　「原発訴訟のあり方と今後の方向」『司法は原発とどう向きあうべきか―原発訴訟の

最前線』(現代人文社，2012年2月) 42～60頁。
「大津波被災地，原発避難区域のまちづくり（土地利用）について」自治研究88巻8, 9号。http://www.eonet.ne.jp/～greatdragon/articles.html

パネルディスカッション

司会　それでは，時間ですので，これからパネルディスカッションに移ります。

　最初に，パネリストのご紹介をいたします。皆様から向かって右側の方からご紹介を申し上げます。立正大学法学部准教授，位田央さん。南会津町総合政策課主事，佐藤亜衣さん。東京大学大学院法学政治学研究科教授，金井利之さん。帝塚山大学法学部教授，中川幾郎さん。そして，コーディネーターは立正大学法学部長，山口道昭さんです。

　それでは，山口先生，よろしくお願いいたします。

山口　皆様，こんにちは。来る時は冷たい雨が降っていましたけれども，この休憩時間，外を見ましたら，雨は上がったようで，お帰りには，さわやかな気分で帰れるのではないかと思っております。できれば天気だけではなくて，このお話を聞いて良かった，と感じて頂くことを期待しております。

　今回は，「大震災の法と行政」をテーマに取り上げております。法学部創立30年ということで，今回は，法学部のメインの法と行政を両方扱ってみよう，そんな趣旨でございます。

　前段の阿部先生のお話にもありましたが，阪神・淡路大震災を経て16年たちまして，今回の東日本大震災が起こったわけでございます。その間，法制度の改革が進んでいない部分と，多少は進んだ部分がありました。その辺りの検証を網羅的に行うのは，この短い時間の中では難しいので，いくつかトピックを取り上げながら進めていきたいと思ってございます。

　また，このパネルディスカッションの特徴になるのですが，自治体職員が多く入っている自治体学会との協働といった形でこの企画をしてございます。このパネリストの中にも，中川先生は代表運営委員のお一人，私も金井先生も運営委員ということで，学会の運営の方にもかかわっているところでございまして，そういった関係の中で今日のパネリストを選ばせて

頂いております。

　実は，このパネルディスカッションのテーマをこのようにするのは難しい面もあったのですね。シビアなテーマでございまして，自分たちが被災地で何をしたのかということが問われるように思いました。といっても，では，何かしないと話せないのか，といった思いもありまして，テーマをこのような形で取り上げてみました。

　まず，阪神・淡路の体験者と東日本の体験者から，なるべく客観的にお話を聞きます。

　次に，外からと言いましょうか，直接大震災に関係していなくても，それぞれの学問分野から，少し距離を置いて物を見ます。

　さらに，佐藤亜衣さんは，立正大学法学部の卒業生でございまして，お話して頂きます。

　パネリストが4人おりますので，それぞれの立場からお話をして頂きます。私からは，この程度にいたしまして，阪神・淡路の時にどんな立場だったのかとか，東日本大震災の時に自分はどんな体験をしたのかといったことは，自己紹介も含めまして，ご自身の口から語って頂きます。基本的に15分から20分程度，それぞれの方にお話をして頂きまして，それぞれのお話の中で他のパネリストの方とのやりとりをしてもらう。一つのお話を長くするというのではなくて，短いお話をしてもらって，それについての質疑応答の中で話の中身を深めていけたらなと，そんなことを思っております。

　その後，休憩の後，フロアの皆様方から質問を受け付けたいと思っております。

　最後に，阿部先生からコメントを頂いて，このパネルディスカッションをしめくくっていきたい，と考えております。皆様方に，何らかの感動や知識を持ち帰って頂ければと思っております。

　第1番目には，私のお隣の中川先生からお話を頂きまして，皆さんとの

話の取っかかりをつくっていきたいと思います。それでは中川先生，よろしくお願いいたします。

中川 中川と申します。どうかよろしくお願いします。先ほどの阿部先生のお話は福島弁プラス関西弁のお話でございましたけど，私は純粋の関西人で大阪弁しかようしゃべりませんので，ひとつ大阪弁をご容赦くださるようお願いいたします。

　私は，この職に就く前は大阪府の豊中市役所というところに勤めておりまして，最後は市長公室の広報課長を務めていました。その退職する1年前に阪神・淡路大震災に遭遇しました。関東の皆様方はご承知ないかもしれませんが，名前が阪神・淡路大震災。そのもう一つ前は兵庫県南部地震なんて偏った名前がつきましたものですから，大阪の豊中は被災都市ではないと全国に認識，逆に浸透しまして，忘れられた被災地というので却って有名になった時期があります。

　死者は十数人，重軽傷は二千数百，それから市内の3分の1は一部損壊以上，半壊以上が16000戸だったと思います。私自身の家は市内の中部にあるんですけれども，明け方，大揺れに揺れまして，実質的には半壊でした。全壊にやや近い半壊ですけれども，当時の基準では半壊でした。

　私自身も足に大怪我をして，後になってけがをしていることに気がついた。何でそんなことなのかと言いますと，異常な興奮状態の中で人はけがをしても気がつかないのです。血が流れていても痛くないのです。なぜ気がつかなかったかと言いますと，明け方，家の中，ガラスの海になっていましたので，それを片づけながら通路をつくっておったんですが，歩きながら実はガラスで自分の足を踏み切っていることに気がつかなかったのです。

　災害対策本部が早速招集されましたので，明け方6時半から7時頃に庁舎に駆けつけましたところ，だんだんと足がグチャグチャ，グチャグチャと音がするんですね，靴の中で。何で私の足が水でぬるんでいるのかと思って靴を脱いでみましたら，真っ赤になっているではありませんか。にもかかわらず痛くないという不思議な感覚に気がつきました。やっぱりアドレナリンが出ていたんでしょうか。

そして，お昼前にお医者さんに行かなくちゃいかんということで行ったら，約7針か8針，足の裏を縫うはめになりまして，そのときにやっと痛いという気持ちになりました。不思議でした。そんな話をしていても，皆さんには役に立たないかもしれません。

あれは直下型の大地震でした。地面の底からドーンと突き上げるような音と衝撃を感じて，私は近所でガス爆発があったのかと。「風圧で家が揺れるぞ」と，女房に言った覚えがあります。案の定，数秒後に家が大揺れに揺れたのです。ところが，風が吹いている気配がない。おかしいなと。これは地震だと気がついたのですが，もうその時は，時，既に遅しで，そうですね，皆様方の前にあるこのテーブルですか，テーブル2枚分ぐらい家が揺れました。

阿部先生のお住まいのあったはずの神戸は，もっと揺れたかもしれません。私の家では，タンスは完全に倒れましたし，テレビも横に吹っ飛びました。女房と一緒に2階で寝ていたんですけれども，2人とも，我々は死ぬなとその時覚悟をしました。思わず久しぶりに女房と抱き合ったという次第です。冗談はさておきまして，本当に真っ青になっていました。娘はタンスの下敷きでうめいておりましたし，これを引き起こして何とかけがはしていないなということを確認したという早朝でした。

都市型の直下型地震だったということ，それから人口密度の非常に高い場所に起こった地震であったということ。今回の東日本大震災は非常に広域的であるということ。人口密度が神戸とは全く比較にはならないということですね。

それから，神戸の場合はまだ都市型ですから，人口構成の中に稼得年齢層の働き盛りの人も多かった。今度の場合は高齢化と過疎というのが，ここに追い打ちをかけているという気が私はしております。

それから，もう一つの違いは，マスコミさんの対応です。皆さん方，あんまりこの面に関しては研究している方はありません。私は当時，広報課長であり，非常時の災害対策本部の情報部次長という職責だったのです。後に情報部長代理に昇格しますけれども，別に昇格したからといって給料は上がらないのです。情報部長に当たっていた部長級が，1週間目にスト

レスによる胃潰瘍を発症されて緊急入院されたからです。その後ずっと私は部長代理をやりましたけれども，もとの職に復した時は，また再び課長級に戻りました。暫定的に2階級特進だったのですね。

　その時のマスコミ対応が，私，情報部ですので担当でした。大変苦労しましたけれども，マスコミは一貫して自治体を叩きに回りました。とにかく役所は頼りない。さっさと何とかしろ。動きが悪い。これは国民的ストレスをそこに向けているのかしらと思うぐらいに，理不尽なマスコミによる自治体叩きでした。

　これが見事に規則的に回っていくのです。1番バッターが神戸市，2番バッターが西宮市，3番バッターが芦屋市，都市の並んでいる順に来ているんですね。「次に尼崎へ来たぞ。次，伊丹へ来たぞ。次は我がまちだ」と言ったら，きっちり来たのです。これは不思議な傾向でした。本当に私，今でも憤りを持って感じますし，マスコミさんのこういうイージーな現場叩きというのは，あの時に始まった。そこから私のマスコミに対する研究課題としての関心も始まったのですが，マスコミは必ずしも正しいわけではないという気持ちは今でも持っています。

　しかし，今回はマスコミさんはどの方向に向いているか。実は自治体叩きはやっていません。叩こうにも自治体の機能がもう半分以下に落ちてしまっているから，叩きようがないのです。つまり追い打ちをかけるということにもなりかねないから，世論の反感を買うに違いないということでしょうね。そこのストレスはどこに行くんでしょう。実は政治を叩いているのです。私はこれも良くないと思っています。むしろ国論を統一するために，復興という点において与党も野党もこの面に関して一緒に議論するべきだという方向に，もっともっと世論をかきたてるべきじゃないのか。その方向にはなかなか行っていませんよね。結局，政局ばっかり扱っている。これがいかんと私は思っています。つまり，災害復興におけるマスコミの役割というのはすごく大きいんだということを，今回はちょっと強調しておきたい。

　ではございますが，この阪神・淡路大震災の教訓は，今回の東日本大震災でも一定程度，活かされているな，と思う点があります。それはコミュ

ニティ政策が，あるいはコミュニティの重要性が非常に認識されたということです。阪神大震災の場合は応急避難所，あるいは仮設住宅，災害復興住宅と，3つのステップを上がっていって，皆さんがそこに入っていかれるわけですけれども，緊急度の高い順番に収容していくというか，入って頂くという，この方法をとったために，近隣コミュニティの方々がバラバラになってしまった。そのために孤独感にさいなまれる高齢者，中高年の方々が次々と病気になっていくという傾向がはっきり出たわけですね。中には48歳の男性で孤独死されたというケースもあります。

　それと，災害弱者の問題。死亡された方々の統計数値からいきますと，現実には女性がやっぱり多かったのです。女性のほうが亡くなられる率が多かった。それから，障害がある人ですね。乳幼児，母子ですね。いわゆる子育て期のお母さん。これらの方々に対するやっぱりケアと言いますか，それはちゃんと配慮されるように今回は動いているかなという気はします。

　さらに自治体間協定，自治体と自治体との間の遠隔地協定が，これも阪神・淡路大震災以降，非常に有効に結ばれるようになったと思います。あの当時は，遠隔地協定なんていう発想はあまりなかったのです。近隣協定ばっかりだったのです。阪神・淡路大震災の被災都市，実は全部，広域協定を結んでいたのですね。ところが，お互いに被災都市なので，助けに行こうにも行けない。つまり，協定は有名無実になってしまった。つまり近隣連携協定というのは，こういう災害に関してはあまり効き目がない。それよりも東北地方と九州とか，あるいは中国地方と北海道とか，こういう遠隔地協定を結ぶ。常日ごろからそういうよしみを結んで仲良くしておくということが，非常に効き目があるということが新たに学ばれたことかと思います。

　もう一つは，働く場所，産業という点から考えますと，復興特需という問題がこれから浮上してくると私は思っています。恐らく，この東日本大震災によって触発される復興特需の総額は，足掛け5年，10年もかかると思いますけれども，いくら短く見ても。多分，まあ学者の試算ですから，私も受け売りしているだけですけども，軽く約20兆円ぐらいになるんじゃないかと言われています。

神戸の場合は，これは関西大学の永松伸吾さんの発表によりますと，約7.7兆円でした。でも，この復興特需をめぐって利権争いが起こる可能性がある。ここに目を光らせなければだめだと私は思っています。いたずらに大手土木資本がもうけるだけではなくて，非常に口幅ったい言い方ですが，地元の経済還流につながるような復興の仕方というのを今回は考えなくてはいけない。阪神の場合は，7.7兆円中，兵庫県外に流出したのが6.9兆円です。この事実は非常に私は今回，貴重に考えて頂きたい。やはり東北の地にその特需のお金が流れるということでやっていかない限り，復興は本当に成り立たないんじゃないか。つまり持続可能な復興にならないと思うんですね。神戸の場合は，この復興特需が終わった後，ものすごい不景気が襲ってきました。大反動があります。こういうことも考慮すべきではないかと思います。

　時間がないので，ちょっと急ぎます。

　それから，復興の際に手法としてとらえる，先ほど阿部先生のお話にもありました，いわゆる市街地における再開発ビルの建設。郡部等においては土地区画整理法の活用ということになると思うんですけれども，この土地区画整理のやり方も，神戸の時の苦しみ，困難をもっと参考にされた方が良いかと思いますし，この東日本の場合はもっと困難になるのではないかと思います。現在の方法は，いわゆる総価格法という法律で，減歩と言いまして，道路の面積を出したり，公園の面積を出したりするために，持っている土地をいくつか減らすわけですね。だけど，「きれいな土地ができたでしょう？　真四角な土地になったでしょう？　だから，前より価格は高くなります。だから皆さん納得してください」という法律ですけど，現在の被災後の土地が前より価格が上がるという保障はないわけです。ですので，土地区画整理法の手法は非常に困難であると私思っています。

　いわゆる関東大震災の当時は，このような総価格法ではなくて面積法という方法だったのですね。減歩するものに対しては補償金を出しておった

というふうに聞いております。そういうふうな現在の法律の体系，仕組みをもっと工夫して，特区制度を適用し，変えていくというような，この柔軟性，合理性も必要なのではないだろうかと考えています。

　最後に，これも阿部先生のご報告の中に触れておられました。まず何よりも大災害が起こりますと役所が壊れます。役所の機能も壊れます。職員も被災者になります。私は生きておったから良かったですけれども，神戸市などでは職員で亡くなっている方もあります。今回は，もっとすごい被害です。ですから，役所が何とかしてくれるというのは，あり得ません。初日24時間，あるいは48時間，72何時間という間，役所は機能不全を起こす可能性が高い，大災害は。そうでありますから，近隣社会にきっちりと今のうちに命を吹き込んで，お互いの顔や名前がわかり合っている，そして，あいさつも通うというまちづくりをしておくことが大事かと思います。

　遠くからのボランティアは2番バッターです。NPOが活動してくれるのは3番バッターです。実は行政は一番つらいですが，4番で塁上にとまっているベースランナーをホームに帰す仕事ができるかどうか。でも，4バッターなのですね。そういう遅れてくる4番バッターに過ぎないということを認識して，何とか市民の力で，初動期の対策をするということを考えられたらどうかと思いますが，今回の東日本大震災では，このコミュニティの力が強く発揮されたという事例をたくさん私も拝見して，ある意味で心強く思いました。

　最後，私のここに書いてあります，ちょっと情緒的なレポートを配って頂いていますが，このレポートの中で私が言いたかったことは，結局，現場が強くなければだめだということです。この現場の強さを担保するために，さまざまな法律，制度，地方自治を活用する，あるいは強化する必要がある。集権ではなく分権でなければ，こういう災害には勝てない。だから，復興期こそ国の力ということになりますけれども，初動期，中盤期までは自治の力です。ということを申し上げて，私のレポートといたします。

山口　　ありがとうございます。非常にたくさんの課題を挙げて頂いたと思います。阪神との比較では都市型の被災地か否か，高齢化，過疎，マスコミの対応，そしてマスコミの叩く対象は，政治家なのか，中央政府なのか，

自治体なのかといった問題だったり，自治体間の協定については，近隣の協定と遠隔地の協定の問題，復興に関する費用の問題，どこに特需が発生するのだろうか，リバウンドはどうなのか。復興については，再開発の方法，復興ビルをどうするのか，区画整理をどうするのか，面積で考えるのか，土地で考えるのか。自治体が機能喪失した時には，市民，コミュニティが必要なんだ。現場が大事なんだ。私が簡単にまとめると，こんなことかと思うのですが，これにつきましてご意見を頂きます。当初よりもちょっとお時間が短くなってしまうかもしれないのですけれども，コメントをお願いします。課題のどれか一つを取り上げてお話し頂ければよろしいと思います。

　では，手前の金井さんからよろしくお願いいたします。

金井　大変貴重なお話をありがとうございました。阪神大震災と東日本大震災が対比されるということが結構あるかなと思うのですけど，確かにそう簡単にも比べられないというところがあります。よくよく考えると災害って一体何なのかなということがあります。実は小さな地震災害とか風水害というのは本当に毎年のように起きていて，被災した所ではそれぞれ大変なのですけれども，やっぱり我々の頭の中に上がるというのは，ある程度規模がないと出てこないようです。人間の命は一人ひとり大事なはずなんですけど，被害の数が大きくならないと，どうしても関心に上がってこないということが，やっぱり我々の想像力の限界だなと，いつも思うんです。

　毎年のように，どこかで災害になって，川の中で孤立している様子をテレビで見ていましても，どうも人ごとになってしまうというところがあります。大災害になると当事者になった人が多いので，あるいは知り合いに本当に直接かかわった人が多くなると，何となく自分のことに当面は感じられるようなところもあるんです。けれども，そうはいっても東日本大震災では，東京に住んでいると，せいぜい帰宅難民になったくらいとか，あるいは放射性物質が食べ物に入るかとか，ホットスポットとか，それがその程度かどうかはともかくとして，ちょっと質が違う。そういうふうにしていると，また忘れちゃうんじゃないかなと心配になります。

阿部先生のお話にもありましたけど，なんかやっているうちに，50年もたつうちに，それを忘れちゃうという話があります。我々は，こういうものをどういうふうに認識していったら良いのか。かといって，毎日，世界中で起きている災害のことばっかり考えていたら，これまた安心して暮らせない。安心して暮らすべきじゃないのかもしれないのですけれども。そう考えると，一体どういうふうにこういう教訓を得ていくべきなのかなというのは，非常に悩ましいなというふうに思っています。

　それから，2つ目に，中川先生のお話で，ちょっと触れられていなかったのは，やっぱり質の違いがある。東日本大震災が原子力発電所の事故と重なっているというのは，これは要は人類史上，ないことです。これは実は世界的には一番それが注目されたことです。我々にとってみると非常に冷たい言い方になるのですけれども，津波で人が死んでいるのはジャワとかいろいろある。だけど，原子力発電所の大事故というのは，むしろすごい関心を集めていて，これは，人数の問題ではなくて，質の問題です。新たなタイプの大きな災害として，これまた別途，認識していかなければならない問題なのですね。

　ただ，これも本当のことを言うと，実は中越地震だったか中越沖地震だったか，ちょっと正確には忘れましたけれども，柏崎刈羽原子力発電所はかなり大きな被害を受けていたんですよね。わずか数年前です。これも，水がちょっと漏れたくらいで済んで良かったなと言って，またみんな，すぐ忘れちゃったということです。どうもすぐ忘れちゃうということが，やっぱり，災害の時の大きな問題かなと。すぐ人ごとに思う。対岸の火事に思う。自分のことであっても，すぐ忘れると。忘れた頃にまたやってくるということですね。

　せっかく，阪神大震災で，いろいろな教訓があったのにもかかわらず，関東の人間にとっては，半分，人ごと，半分，忘れていたと。今回も関東には半分，来たような気にはなったけれども，実はそれほどやられていない。阿部先生が警告しているように，このままいくと関東は疫病で大変なことになるぞと言っても，「本当かな」とか，「その前に，おれ，死ぬだろう」とかって，みんな，つい思ってしまって，一向に学べない。ちょっと

長くなりましたが，学べない，忘れっぽい日本の我々をどう直したら良いのかというふうに，自問自答したい日々かなというふうに思っています。

山口 ありがとうございます。では続きまして，佐藤さんは阪神の時は，忘れるというよりも，あまり覚えていない年齢かと思いますが，中川さんの話を聞いてどのように感じましたか。

佐藤 比較ということなのですけれども，阪神大震災の時は，私，小学生でした。福島県の会津で生まれ育った私は，阪神の方は遠い場所のように感じておりました。だから，建物の倒壊や火災の映像を見て，怖かったけれども，被災された方の気持ちや苦労をきちんと理解することはできなかったと思います。それが今回，東日本大震災を経験しまして，経験しなければわからないことがたくさんありました。被災者として，また，いつ起こるかわからない災害に備えるために，今回の震災のことをいろいろなところで伝えていかなければいけないと思っています。

中川先生のお話を聞いていまして，やはり災害の違いというものが多くあると思います。まず被害が広範囲だったということです。阪神大震災のときは6,000人ぐらいの方が犠牲になってしまいましたが，今回は東北沿岸部を中心に1万5,000人ぐらいの方が亡くなっています。

それから，質の違いというものもありまして，私が住んでいる福島県は，地震それから津波，そして原発ですね。この問題が本当に大きくて，ニュースでは必ず原発のことを取り上げていると思います。食べ物とか日常生活に大きく関わってくることも多く，東北だけの問題ではなくて日本中，また世界中が原発事故やその後の影響について関心が高いと思います。

マスコミの対応についてお話がありましたが，私がマスコミについて感じることは，報道が原発事故に偏っているということです。それだけみなさんの関心が高いということなのでしょうが，福島県は地震の被害も，津波の被害もたくさんありましたので，そういったところもきちんと報道してほしいと思います。

私からお話するのは，このような感じです。

山口 ありがとうございます。実は先週の11月26 - 27日に，日本自治学会の総会・研究会が岡山市で開催されたのですが，そこにマスコミ関係から，

福島民報と岩手日報の記者の方が来て報告してくださいました。福島民報の方は，最近では福島に対する同情が薄れていると感じるというようなことを言っていましたので，佐藤さんのお話につながるようだと思って聞いておりました。

　それでは，位田さん，よろしくお願いいたします。

位田　　位田でございます。私は阪神・淡路大震災の時には大学生で，当時は京都におりまして，少しだけ被災しました。その後，こちらに来させて頂いて，大震災の当日は仕事中でしたが，冷房設備のところから水が大量に出まして，水浸し状態になりました。このように二つの震災を少しずつですが体験いたしました。

　先ほど中川先生からもお話がございましたが，阪神淡路大震災の際に，自治会などの近隣住民の組織が非常に重要だったと言われています。阿部先生もおっしゃってみえましたが，自治会が組織立って動けたところは非常に救出活動等が早かったわけです。

　ところが，私は自治会組織の重要性が言われていた時期でもありましたので，大学院時代に京都で自治会の集まりに出たことがあります。震災の翌年ですが，この自治会の活動にほとんどだれも出てきていませんでした。先程，何十年もたつと，というようなお話もありましたが，実は何十年もたたないで，喉元過ぎれば熱さ忘れるという，そういうことがあるなと，つくづくその時に思いました。私自身も，自治会活動というのは，お年寄りがかかわることと思って，それまで一切関わってきませんでした。しかし，阪神大震災で自治会の活動が注目されていたので，それで行ってみたのですが，集まりが悪くて拍子抜けしてしまいました。これは行政法ではどうやって仕組みをつくっていけば良いのか，私は答えがなくて，悩んでいるところです。

　それから，ちょうど中川先生のお話で，土地区画整理事業のお話を頂きました。私は行政法各論や開発と法という授業で，ちょうど土地区画整理事業を取り上げています。そのときに減歩が前提で現行法ができているという説明をしました。しかし，震災が終わった後，土地区画整理事業を実施する場合に，確かに土地の値段が上がるという前提がないと，減歩は受

け入れられません。ただ今，中川先生からヒントになることを教えて頂きまして，本当にありがとうございました。

　以上です。

山口　ありがとうございます。お3方のコメントを頂きまして，共通点を見つけるのは大変なのですけれども，金井さんがおっしゃっていた，「忘れちゃう」ということも，キーワードになるのかと考えました。

　さて，次は，金井さんのほうから総括的なお話をして頂きたいのですけれども，「忘れる」ということと法的な仕組みの問題で，個人の記憶だけではなく，システムとしてつくっていくきっかけを忘れてしまう。そんなお話にもつながる面があるようにも思います。よろしくお願いいたします。

金井　先ほど，まず最初に中川先生のお話を伺っていて思ったのは，マスコミが阪神の時には自治体叩きが非常に多かったということでした。国も結構それなりに叩かれていましたけれども，それ以上に多分，自治体がたたかれた。あるいは，変な言い方になりますが，「叩かれがい」がまだあったということだと思うんですよね。

　今回の東日本大震災では自治体は本当に大変なので，もう，「叩く」どころではなくて，とにかく頑張れというふうにしか言いようがなくて，とにかく一生懸命やってくれとしか言いようがない状態だったようです。「自治体叩き」の余裕さえなかったと。とりあえず，菅政権を叩いておけば良いやということで，国政を叩いていました。逆に言うと，国政はまだそれなりに元気だったのかなということでもあるのですけれども，これが壊滅状態になっていたら国政も叩きようがないとなると，一体どうなったのかという非常に心配はちょっとあるのです。

　ただ，反面では，政治の，あるいは役所の任務って何なのかなと考えると，ひょっとすると，叩かれることも任務の一部なのかもしれないということなのでしょう。だから，ここはもう携わる人間としては，もうあきらめるしかないわけです。自分たちは叩かれるのが仕事であると。叩かれるうちが花だと割り切って頂いて，災害時には職務に邁進して頂くしかないのです。落ち込まないでほしいなとしか言いようがないのです。叩かれて何ぼであるということです。要は，叩かれないということは，さっき言い

ましたように，本当に行政の体力が衰えているということなのです。政治家や役人は叩かれるのが仕事である。阿部先生のような方にビシビシ叩いてもらって，初めて仕事をしているということになるのかなと思います。

とは言いながらも，災害でうまくいかないことは，たくさん出てくると思うんです。いろいろ我々には不満がある。不満がある時に，やっぱり誰かにそれを責任追及する。だれかのせいにしないと，気持ちが晴れないというところはあると思うんです。これは人間の醜いところなのです。いや，そんなことではいかんと。災害の時こそみんなで協力すべきじゃないかという，建前論はよくわかるのです。けれども，そうはいっても人間はドロドロしていますから，「何でおれが悪くないのにこんなところで悲惨な目に遭うんだよ」と思うと思うんです。「おれの人生，全然悪いことしていなくて，まじめに地道に暮らしていたのに，何でこんな被害に遭わなきゃいけないんだ」と思うと，誰かに文句を言いたい。

そういう時に，たまたま政治家というのがいるんだから，とりあえずそれをみんなで叩いておこうというのも，これは一つの知恵なんじゃないかなと思います。これは世の中の知恵ですね。もし，誰も叩けないとなると，日本人が全員が悪かったからじゃないか，と思うしかない。天罰論・天譴論というのがあります。「日本の社会が悪いから，神様が怒って，地震になって罰が当たって被害に遭ったんだ」と言ったら，これこそ救いようがないです。我々の暮らし方がまずかったのかなというふうにやるよりは，とりあえず政治家が悪いことをやっていたから，今，うまくいっていないんだというふうにやるのも，これは一つの知恵なんじゃないかなと思います。マスコミも本当のことは言っていないのですけれども，一つの対応として，だれかをとりあえず叩いておくということではないでしょうか。

ただ，叩かれた側は，とんでもないですよね。「自分だって被害を受けているのに何で言われなきゃいけないんだ」と思うのですが，ここはぐっとこらえて頂いて，あくまでそういう役割であるというふうに，サンドバッグの役割だというふうに思うしかないんじゃないかなというふうに思います。

こういうことを言うと，阿部先生以上に政治家や役人の人から嫌われる

かもしれないんですけど。阿部先生は正面から叩く。私は叩かれて何ぼなんだから良いじゃないかと，「叩かれて諦めろ」と言う。両側から批判をすると，かわいそうなことになってしまうのですが，批判は，話半分として聞いておくのが良いんじゃないかということです。それはそういうものであると。日本人は決して心が美しくない。みんなで頑張ろうという心の半面，助け合おうという半面，誰かが悪いと誰かのせいにしてやりたいという面と，きれいな面と汚い面，両方あるのです。これはもう仕方がないのです。叩かれた中川さんは本当大変だったと思いますけれども，日本人とはそういうものなのです。広報課長というのは大変な仕事なんだということかなと思います。

　国の対応，自治体の対応というのは，なかなかうまくいかないというのはいっぱいあると思うんです。法をつくって事前に備えておこうというのは，理屈としてはとてもわかるのですけれども，災害とは予想がつかないから災害なのです。予想がつく災害は実は災害にならないんです。

　例えば震度5くらいで予想して，耐震基準をつくって倒れないようにしていれば，地震は災害にならないのです。何にも考えないでつくっていたら，震度5くらいが来たって，災害になってしまうわけです。だから，要は災害というのは，そもそも定義上，予想外のことが起きているということなのです。だから，これは法をたくさんつくれば災害がなくなるんじゃなくて，減ることは減るのですけれども，どうせ，予想外のところで出てくるんです。そうなるといろいろ問題が出てくる。

　一番のポイントは，そういう事前のプログラムをつくっておけば，もちろん災害は減る。これは間違いないです。想定の範囲が多ければ多いほど減るのですけれども，大体問題になるのは想定のプログラムの範囲外で起きて，対応できなくてトラブルになるときです。あるいは，その時のプログラムはこうでしたとかいうふうに居直って対策が遅れる時です。阿部先生の例で言えば，航空法がこうだとか何とか，そんなことを言い出すやつ

が出てくる。これは，事前にプログラムを勉強し過ぎです。そんなことを知らなければ何にも言えなかったのに，余計な勉強をしているから，ろくなことにならない。もっと常識で判断せよということです。法を勉強し過ぎると，ばかになるという話です。だから，法律を勉強し過ぎるとプログラムには精通するのですけれども，そのプログラムが持っている心を忘れてしまうと。何でそういうプログラムをつくったのかというのがわからなくなって，いつしか本当に役に立たなくなってしまう。

　災害の時には，ある意味で，どうやったらまともな法をその場でつくれるのかという思考パターンが多分必要になってくると思うのですけれども，通常の法的思考は，そうじゃないんです。どちらかというと，プログラムをちゃんと習熟しておけというふうな発想になりやすい。いろいろなプログラムをつくっては，問題を起こすということです。事前のプログラムが十分じゃないから災害になるんですけれども，事前のプログラムや法が十分じゃないのは，ある意味，災害では当たり前なのですが，その時どう行動するのかというのが問われているのですけれども，えてして我々はそこで考えられないということです。何にも考えないということになってしまう。もっと言うと，法というのは考えないことを非常にやりやすくする，とっても良い道具なんです。「法がこうなっていますから，できません」と言えば，良くなっちゃう。これは非常に良くない法の使い方なのですけれども。

　もう一つ，災害の現場でいろいろ聞くのは，もう忙しくて考えている暇がないということです。考えたくないというわけです。とにかくなんか体を動かしていたいけれども考えたくないということが，どうもいろいろお話を伺っていると結構あるらしいのです。ここら辺は佐藤さんに後で実際，いろいろ教えて頂ければと思うのです。なんかもう考えられない，考えたくない，考えるよりは体を動かしていたいという話にどうもなってしまって，そこら辺が結構難しいところなのかなというふうに思います。

　結論的に言うと，あんまり事前の法的なプログラムとか法律を気にしないで，その場，その場で，常識で判断するというのが，結局，一番まともなルールなんじゃないかなと思います。それを自然の法と言うか，例外思

考と言うかはともかくして，その場で自ら政策判断をするしかないのです。自治体，国，それぞれ自ら判断して行動するしかないんじゃないかなというのが，今回の震災の見た感じの印象であります。

ただし，何をやっても批判されるということですね。これはもう避けがたいのです。批判されないように行動したいと思うのはもうやめて，何をやったって，どうせ批判されるわけです。批判されて，国民が多少は気が晴れるかもしれないけど，多少は行き場のないやり場をつくって，それで良いというふうに割り切るしかない。結構厳しい世の中なんじゃないかなというふうに思います。

ただ，これが本当に近隣社会に向くようになったら，もっと悲惨です。「隣の人が助けてくれなかったから，うちの家族が死んだ」とかって相互に言い出したら，もっと大変なことになるのです。せめて選挙で選んだ政治家を叩くくらいが，社会のためにはなるんじゃないかなと思います。あとは，皆さん常識で判断するということが，一番，結局求められているんじゃないかと思います。

そういう意味で今回の東日本大震災では僕が見る限り，国と自治体は，それなりに頑張ったんじゃないかなというのが私の率直の印象です。それはもっと上手にできたかもしれないですけど，本当にそんなうまくやれた余地があるのかなと思うと，それはちょっと期待し過ぎだったんじゃないかなと思います。しかし，そんなことを言っても，土地や財産，命を失った人からすれば，もっと他に方法があったんじゃないかなという思いは全くそのとおりだと思うんです。けれども，役所，自治体のできること，国のできること，本当に限られているんだなというのをつくづく痛感して，そんなような印象を持っています。

山口 ありがとうございます。それでは，佐藤さん，大震災当時の状況もご自分の口からお話し頂きたいのですけれども，町の職員でありながら県庁に出向していたことで，県庁がどんなふうに叩かれたのか。自分自身がどうなのか。また，周りがどうなのか。なかなか言いにくいこともあるように思いますが，できる範囲でお願いいたします。

佐藤 3月11日，私は地元に戻る交通手段がなかったので福島市にいまし

た。地元の南会津町では，地震発生直後から女性職員や婦人会が中心になっておにぎりをつくり，被災地に届ける支援を行い，4月末までにトータル100万個のおにぎりを被災地に届けました。また建築技術職員は被災地域の建物診断，水道課は給水支援，他の職員も避難者受入の準備を行っていました。地元住民も支援に協力的で，町が叩かれることはあまりなかったと思います。しかし，時間がたつにつれて風評被害の問題が出てきたとき，行政の対応が遅いとお叱りを受けることはありました。

　私以外の研修生は，地元自治体に戻り，職場にずっと泊まり込んで復旧作業や避難所支援を行っていたようです。対応しなければならないことが多すぎて，考えている暇もない状況だったと思います。

　県の様子ですが，地震，津波の被害に加えて，想定外の原発事故が起こり，かなり混乱した状況でした。国から正確な情報が伝わってこなかったのが大きな原因だと思います。

　福島県は国や東電に原発事故の対応や補償問題など，なかなか事が進まない不満やいらだちをぶつけているのですが，それで良いのかなと思うことがあります。

　放射能汚染の不安や生活の立て直し，風評被害など，みんな気が立っています。このような状況なので不満しかでてこないのも仕方がないことかもしれませんが，私は事故当時の対応や責任の所在よりも，今後の方向性や現実的なビジョンを示してもらいたいですし，もっと前向きになれる，希望を持てる情報を聞きたいと思います。報道を見ていると，被災地や被災者との距離をすごく感じてしまいますね。

　それから，国も自治体も自分の判断でというお話がありましたが，原発事故に関しては自治体の判断というのはなかなか難しいものがあると思います。例えば避難するにも放射能汚染って目に見えないし，どういう状況なのか，普通の人には知識がないですよね。避難指示は，原子力災害対策特別措置法に基づいて，内閣総理大臣の指示で行われたものですが，はじめは3月11日の夜，半径3キロ圏内に避難指示。翌3月12日になると半径10キロ圏内に避難指示。その日の夜には20キロ圏内の住民に避難指示が出されました。3月15日には半径20キロ以上30キロ圏内の住民に屋内退避の

指示が出されました。たびたび避難指示が拡大されていく様子を見ていて，原発事故が想像よりもはるかに大きなものなのだと感じました。30キロ圏外の住民でも自主避難した方はたくさんいました。また，交通手段のない高齢者など，逃げたくても逃げられない方もいたと思います。

屋内退避という指示について自分だったらどうするか考えた時に，家の中にずっといるわけですから食べ物どうしようとか不安はあるし，何もできない，ただじっとしているしかないわけですよね。そのような状況のなかで，自主避難している人を見ると，屋内退避は本当に安全なのかと疑い始めてしまいますし，ますます不安になると思います。

また，職員の立場としてとして考えた時，住民がいれば，そこで働かなくてはならない。住民を守る使命があるけれど，放射能汚染はやはり怖いです。震災対応というスピード勝負のなかで考えている時間はないと思いますが，職員としての使命と個人の感情の間で悩んでしまうと思いました。

まとまりのない発言になってしまったのですが，それぞれの立場で判断するというのは大切なことではあると思うのですが，これまで経験したことがない原発事故ということもあって，判断は難しいと思いました。

山口 ありがとうございます。貴重なお話だと思います。それをまとめるのが研究者の仕事ということで，位田さんからコメントと，リスクマネジメントがご自身の研究テーマでありますので，リスクをマネジメントすることはそもそもできるのだろうか，どの程度したら良いのだろうか，といった観点も踏まえながら，お話をよろしくお願いいたします。

位田 そもそもリスクをマネジメントできるのかとおっしゃられると，まず無理です。もちろん，リスクマネジメントというものをきちっとやっていかないといけないのですが，やはりどこまでいっても，過去に起きた事例をもとにしてリスクというものは分析せざるを得ません。従って，どうしても過去に記録がなかったりするような災害が起きた時には，評価し切れません。逆に言いますと，法律をつくる際には，そういう緊急事態を想定しておかなければなりません。

阿部先生は「阪神・淡路大震災に学ぶ政策法学」という副タイトルがついています『大震災の法と政策』というご著書の中で，危機管理というお

話を阪神・淡路大震災にのっとって書かれています。リスクが評価できない，いわゆる想定外の震災が阪神・淡路大震災だったわけです。そういう事件が起きた時に国あるいは自治体がどういう対応をすべきか，その想定外のことが起きることを想定しての法律をつくるべきです。そして，その場合には情報がきちっと入らないといけません。

　阿部先生のご指摘にもありましたが，阪神淡路大震災の際に，自衛隊の出動が遅れたり，あるいは，きちっと出動要請がなかったとかいったような問題が起きました。官邸が状況をスムーズに把握していれば，すぐに自衛隊を出動させ，早い段階で救助活動が行われたと思います。東日本大震災は津波という阪神大震災とは種類が違いますが，阪神淡路大震災の時には建物の倒壊で亡くなった方が非常に多いわけです。従って，救出がもっと早ければ，より多くの方が助かったはずです。ところが，そのとき情報がきちっと官邸に伝わっていなかったことが最大の問題です。

　また，特に今回のような災害においては，自治体が壊滅していたり，あるいは自治会組織も壊滅しているところもありました。そういった時には，自衛隊等を投入するという判断を素早く出していかないといけません。そのために災害対策基本法なり何なりという部分でマネジメントができるような仕組みをつくっておく必要があります。つまり平時には，行政の最前線の人たちの裁量をなるべく小さくするのが良い法律だというふうに考えますが，緊急時には，むしろ行政の裁量の範囲をある程度拡大して，どんどんやって頂かないといけません。阪神淡路大震災後に，せっかく阿部先生がこの点を指摘しておられたわけですが，まだこのような緊急時の法制度に未整備な点があります。特に今回の原発の問題に関して，未整備な点があったのではないかと考えています。以上です。

山口　ありがとうございます。金井さんの報告では，行政の任務が，叩かれがいであるというようなこともあり，このことについて佐藤さんも一部お答えになったのですけれども，阪神・淡路大震災当時，自治体の管理職であり，管理職と一般職員とでは違うといったこともありますので，中川さんからコメントをよろしくお願いいたします。

中川　裏話をしますと，私は阪神・淡路大震災の被災自治体の有志広報課

長連合をつくりました。神戸の課長と一緒に連絡をとりながら，毎日，マスコミ担当として，どう太刀打ちするかということの作戦は立てておりました。やがてマスコミさんからも信頼されることになりまして，NHKさんから，毎朝，「今日はこういう行動をとるのですが，どういうふうに取材したら良いでしょうか。どうすれば地元自治体に失礼にならないでしょうか」と，当時，「おはよう日本」をやっていた有働由美子さんから相談を受けるような，そんな立場になったことも濃厚に記憶しています。ですから，決して悪い関係をつくってきたわけじゃなく，マスコミさんの信頼を勝ち取ってきたことも事実です。しかし，新聞社，週刊誌，テレビ局の中には，心のない中途半端な取材で，一方的な報道，放送をする集団があったことは事実です。

　例えば災害初動期，災害救助法の規定によりますと，7日，7日ごとに避難所の開設はどうするか，撤収するか，考えないかんというふうに決められているのですね。そんなことはもうどうでも良いと思っていました，私も。現場を見ていたら，そんなことできるわけがないだろうと思っていましたけれども，どこかからこの話がずっと現場に伝わって，避難所を開設する職員が，「もうすぐ7日目になるんだけど，どうするの？」というようなことを電話で本部に問い合わせる。しかも，非常にストレスがたまっているから，大きな声で言っちゃっているわけですね。それを聞いている避難所の人たちが，「私たち，一体どうなるの？　追い出されるの？」と言って，急にざわつくわけです。しまいに暴動になりかかるというところまで騒ぎが広がりました。

　そこへ新聞記者が直接取材に来るわけですね。こちらのほうに裏づけ取材もせずに，いきなり翌日の朝刊に，「阪神タイガース10連勝」くらいの扱いの真っ赤な見出し記事で，「この寒空に非道な仕打ち」みたいな，ものすごい見出しでそのまま，スポーツ紙に載っちゃうわけです。これは某大新聞系のスポーツ紙でした。それを，「これは誤報です。おかしい。ちゃんとこちらに裏づけをとってくださいよ」と言っても，絶対に謝りません。いかがでしょう。これが第二次災害を引き起こすわけです。ラジオでも，有名なパーソナリティが新聞を丸読みして，「皆さん，聞いてくださ

い。とんでもないことをやっている自治体ですね」と，またやるわけです。「これは誤報です」と何遍も言っているのに，またそれを読み上げる。それは新聞を丸飲みしているわけです。両方ともに欠けていることは，裏づけをしなかったということです。こちらに問い合わせもしない。こういうことが横行するのです。

　私は，叩かれても何ぼや，と思っていますけれども，叩かれることによって自殺に追いやられる職員も出てきます。例えば，先ほど阿部先生のお話にも出てきましたが，倒壊家屋の判定処理，この現場は修羅場です。本当に修羅場です。一部損壊なのか，半壊なのか。いや，今はちょっと区分がもう一つ，間にありますけど，全壊に近い半壊。全壊なのか，これによって金額が変わるわけですね。人の気持ちは殺気立っています。その時に，「全壊にならないのはどうしてか」ということで，職員のえり首をつかまえて振り回すというようなケースもあるわけです。

　やがて峠を越した時に，私の職場ではうつ病患者が十数名，出ています。自殺者も数名出ています。こういう人間の修羅場で闘っている自治体職員の士気を落とすようなこと，あるいは追い打ちをかけるようなことをするべきなんだろうかと，当時，思いました。

　行政機構そのもの，全体としての作動能力の悪さとか，能率の低さというのは，それは責められてしかるべきかと思いますけれども，現場の職員の士気，やる気，あるいは人への信頼感までも傷つけるような，そういう報道が当時は横行したということは，やはり申し上げあげておきたいわけです。

　もう一つは，こういう災害になりますと，やはり目に見えない，かすかな略奪や暴力が横行します。これもよく注意しなくちゃだめです。このときに人々は気分的に複雑な現実に太刀打ちするのがもう嫌になっていますから，善悪二分論で片づけたいわけです。敵か味方か，良いか悪いか。議論を避けて感情的に行動するようになります。こうなりますと，ものすごく怖いことが起こるようになるわけです。この状態を私はポピュリズムの前兆と思っています。ややこしい災害であればあるほど，複雑なことを理解し，すっきりと行動したいわけですけれども，ややこしい現実がややこ

しいという状態で理解できない。したくないという人もいるわけです。とにかく早く何とかしてくれということになります。それを見ますと，私はこの東日本大震災の被災者の方々はすごいと思って，本当に感心しています。粘り強い。しかも耐えている。とは言え，大災害が起こった時は起こり得る，ハイリスクの風潮というのは，やっぱり言っておきたいと思います。

　先ほどご指摘がありましたように，今度の東日本大震災は原発の問題が非常に複雑な影を投げかけております。私は正直言いまして，阪神・淡路大震災と比較するなんていうのは，おこがましいと思っています。私の体験したことに比べたら，もっとつらいことだろうと思っております。

　この夏，3日かけて，被災地をじっくりと歩きました。現場を子細に目に焼きつけてきました。それで自分が救われるなどとは思いませんけれども，この3月11日以来，私は強度のうつ病になったのです，実は。

　と言いますのは，阪神・淡路大震災当時の被災から立ち上がるための災害対策本部業務に従事した中でのさまざまなストレス，外部からの圧力，あるいはマスコミとの太刀打ちの中で，私の体も心も，もうボロボロになっていたのです。その年の9月の時点で，私の平均睡眠時間を計算しましたら，1日2時間足らずでした。半年間，それで耐えたのです。そのぐらい働かないとやっていけないのです。通常業務もやらないといけないし，応急災害業務もやらないかん。復興に向けた業務もやらないかん。大体，常日ごろの2倍から3倍は働かないと，やっていけない。でないと，仕事をこなせない。それを何とか太刀打ちしてやって，本部を縮小する段階になった時に，体から魂が抜けたような思いをしました。その後，いまだに熟睡できない，そのような体です。

　私は悪い予感がしたのです。あのニュースフィルムを見たらいかん，見たらいかんと思いながら，見ずにはいられなかった。何ぼ何でもお笑い番組を見たい気はしませんでした。そして，大災害の映像を見ていたら，やっぱり再発したんです。急速に自分の体から力が失われていって，心臓がなんか変調し始め，鼓動のパワーが落ちてくるのがわかりまして，ここから2カ月ほど，うつ病になったというのが自分でわかりました。力が出な

くなります。やっぱりまだ私にも後遺症が残っています。

　何が言いたいかと言いますと，今度の東日本大震災後，復興を遂げる時期が来たとしても，その災害に遭われた方の心と体にはいろいろな傷がやっぱり残っていくのです。そのことも忘れてほしくないというのが，阪神大震災の経験者としての私のメッセージの一つです。終わるわけではない。残るんだということを言っておきたいと思います。

山口　体験のない私がコメントしてはいけないような，すごく重いお話しだと感じながら聞いていました。とはいえ，多少お話しいたします。法律のシステムって，金井さんの言われるような条件プログラムだと思うんですよね。こういう場合には，こうなんだと。しかしながら，想定している内容が，非常時においては想定外のことなので，既存の条件プログラムを使って対応していくと，現実には合わない事態になってしまう。一般の市民は，条件プログラムとしての法律の内容を知っているわけではありませんので，常識で対応していれば問題ないようにも思うのですけれども，こういった違反行為が一部のマスコミによって報道され，法律に反していると批判され，増幅して市民に伝わり，市民の常識だとしても，法律から外れている行為を行政は黙認するのかと行政にはね返ってきて，マスコミはこれを批判する。そんな悪循環なのかと思って聞いていました。

　次に進みたいと思います。

　3つ目の報告といたしましては，佐藤さんから，福島県の対応に関するお話をお願いいたします。

佐藤　それでは，震災当時の福島県の状況，それから，4月に南会津町役場に戻ってからの災害対応についてお話ししたいと思いますが，県でのことは職員としての立場というより，東日本大震災を経験した者の立場からお話ししたいと思います。

　年度末ということで1年間の研修のまとめの時期でした。そんな時に地震が起こりまして，県庁のある福島市は震度6弱の揺れを記録しました。

　どこかにつかまっていないと立っていられないぐらいの揺れで，あちこちから「逃げろ」という声は聞こえているのですけれども，体が固まってしまって動けない状況でした。県庁はとても古い建物なので，このままで

は崩れた建物につぶされて死んでしまうと思い，なんとか外に逃げ出しました。逃げ出す時に聞こえた，ミシミシ，ミシミシと建物が軋む音が忘れられません。

　3月といってもまだまだ寒くて，3月11日も雪が降る寒い日でした。あわてて逃げたので薄着のままで，外に3時間くらい待機していたのですが，その間も余震が続き，また，津波や原発のニュースが聞こえてきて，とにかく怖かったけれど，どこか現実ではないような感覚でした。

　状況が落ち着き，荷物を取り建物内に入ってみると，ロッカーが倒れ書類などが散乱し，ところどころ壁に亀裂が入っているような状態でした。大体18時ぐらいに解散になったのですが，帰り道は，停電で交通マヒになり，まちじゅうが人と車でごった返していました。首都圏で帰宅困難者の問題がありましたが，それと同じような状況だったと思います。

　部屋に帰ってみると，部屋中の家具が倒れていて足の踏み場もなく，さらに，停電，断水の状態でした。余震も続いている状況で，ご近所に知り合いもなく，同じアパートにどんな人が住んでいるかわからない，頼れない状況で，何かあった時に助けがこないんじゃないかと不安になり，一人で部屋にいない方が良いと思ったので，その日はすぐ避難所に行きました。

　近所の避難所は，近くにある団地の住民を中心に400人ぐらいの方が避難されていました。余震に怯えていましたが，みんなで助け合っていて，地域のコミュニティがしっかりできている印象がありました。親がまだ帰宅していない子どもたちをご近所さんが一緒に避難所まで連れてきてくれていたり，食べ物を分けあっていたり，お年寄りの休む場所を確保してあげたり，そんな様子をたくさん見ました。災害直後は，きめ細かなところまで行政の支援が行き届かないので，自分たちで助けあう，日頃のご近所づきあいや地域コミュニティの重要性を強く感じたところです。

　1日避難所で過ごして，そのあとは職場の方のお宅に居候させてもらいました。福島市は，震災後1週間断水が続き，スーパーもしばらくの間空っぽの状態だったので，食べ物を持ち寄って，協力して生活していました。水が自由に使えないのが一番つらかったので，蛇口から水が出た時の喜びは忘れられません。当たり前のことが，すべてありがたく思えましたね。

震災直後から，たくさんの支援を頂き，人の温かみを感じることができましたが，放射能汚染の不安から福島県への支援を敬遠したり，福島県から避難してきた人が差別的な扱いをされているというニュースを見ると，本当に悲しくなります。

個人的な経験はこれぐらいにしまして，県庁で行っていた業務についてお話ししたいと思います。3月は，翌月に行われる統一地方選挙の事務のために選挙管理委員会事務局にいたのですけれども，震災で選挙ができる状況ではないということで，選挙を延期するため総務省とやり取りをしていました。

原発事故の影響で避難している地域や津波被害の大きかった地域は早い段階で延期が決まったのですが，それ以外の地域も延期にしてもらうため，市町村から情報を集めていました。総務省としては，選挙は民主主義の根幹をなすものだから，相当の理由がない限り選挙は延期しないという理屈で，投票所が地震で壊れたなど物理的な問題がない限り，選挙は行うという方針だったのですね。ですから避難住民の受け入れに伴う人員不足や住民感情などは勘案されなかったのです。けれども，このような状況で選挙どころではないというのが現場の意見でした。市町村に聞き取りを行ったとき，自身も被災し，さらに避難所支援や災害復旧で疲れ切っている職員の方に，選挙ができるかどうかを聞いていることに申し訳ない思いでいっぱいでした。結果的に，避難者の受け入れや被災地への職員派遣による人員不足など，物理的な問題以外も認められて選挙は延期になったのですけれども，現場とのギャップを感じることが多かったように思います。

3月の県庁内は混乱した状況で，私が勤務していた部署でも，職員の半分は災害対策本部業務や各市町村の避難所支援に出かけていて，残っている職員も市町村からの問い合わせ対応に追われていました。そんな状況だったので，3月末に研修期間を終えて南会津町に戻る時に，お世話になった部署の職員が全員集まることはできず，気持ちの整理ができないまま，4月に南会津町に戻ったというような感じでした。

地元の南会津町は，震度5弱の揺れを記録しましたが，幸い，地震による被害は少なく，原発から100キロ以上離れている環境だったので，地震直後から避難者の受け入れを行っていました。震災前と変わらない落ち着いた環境だったのですが，福島県庁で体験した状況とあまりに違うことに戸惑ってしまい，気持ちを整理するのに時間がかかりました。

　南会津町は地震の直接的な被害はなかったのですけれども，原発事故による風評被害が深刻です。特に，観光業への影響が大きく，県内で1番の受け入れ実績があった教育旅行は，震災前の10分の1にまで落ち込んでいます。この状況をなんとか打開しようと今年5月に南会津町風評被害対策実行委員会というのを立ち上げ，ほぼ毎週末，首都圏で行われる復興イベントに参加して当町の安全性をPRしています。みなさまの応援のおかげで状況は改善しつつありますが，この応援をいつまで続けてもらえるのか不安でもあります。今年は震災を忘れていないので，応援しようという気持ちがあると思うのですが，来年以降，震災の記憶は薄れてくると思いますし，応援疲れというのが出てくると思うんですね。その中で関心を持ち続けてもらうにはどうしたら良いか，関係機関と連携し対応策を検討しています。

　また，震災を忘れないというのは，被災地で生活する私たちにも当てはまることだと思います。南会津町では，震災の経験を生かして各地区で要援護者マップの作成やひとり暮らし高齢者への声かけ活動など，自主防災に関する活動を積極的に行うようになりました。この活動は地域力の向上にもつながっています。

　地域コミュニティの重要性は今回の震災で強く感じたことなので，こういった活動を継続していくことはとても大切だと思います。

　以上です。

山口　ありがとうございます。貴重な体験で，体験した人間でなければ，お話しできない内容だと思いました。

　テーマについては，無理やり何かに引っかけるということではなくて，今のお話を聞いて，自由にコメントをして頂ければ良いと思うのですが。位田さん，いかがでしょうか。

位田　まず国と現場の意識の乖離というのは，統一地方選挙の延期問題に関して出ていたということですが，総務省の方から現地を確認するとして，どなたかが現地にこられたのでしょうか。

佐藤　ほとんど電話でやりとりをしていました。

位田　現場に何とか来て頂かないと，現地の状況はわかりにくいと思います。例えば避難所になっている場所が投票所だというのは，来て頂ければ一目瞭然だったと思います。

　先ほど，リスクマネジメントとしてお話しさせて頂いた情報の伝達ということに絡んでくるかと思います。やはりこういう災害時というのは情報が重要です。今後，復旧，復興といったような段階を踏んでくる時に，国側と地方，現場の情報の乖離があると，難しいことが非常に多いと思いますので，情報の交換をきちっとやっていかないといけないでしょう。以上です。

山口　ありがとうございます。選挙は現場ではできないという感覚が常識だった。これに対して法的な仕組みでは，選挙は実施するのがシステム化されたプログラムだった。そこに乖離があったのではないのか。では，中川さん，よろしくお願いいたします。

中川　私は，東日本大震災発生後の早い時期に原稿を載せて頂いた雑誌に，少しメランコリックな文章を出してしまっているんですけど，その中で提案していることがいくつかありました。

　1つは，被災地の自治体に遠隔地自治体から職員を派遣して応援をするということに公費で補てんしてほしいと。これは後に総務省が交付税措置するということで，実行に移されたと思います。

　もう1つ提案していたのですが，それは国の事業官庁と言われる農林水産，国土交通あるいは経済産業，文部科学というふうな各省庁の職員さんをセットにして，各都道府県をいくつかのブロックに割って，そこに拠点事務所を置いて，職員を常駐させるべしということを言っていたのです。今のままだったら，知事がしょっちゅう上京して，東京に行って訴えているという状態がまだ続いていると思うんですけど，今日，ちょっとくらいそれが実行に移されたのかなと思うのですが，災害発生直後1カ月内に僕

はそれを提案しているんです。それがなかなか実行に移されなかったなという思いが一つある。

　それから，もう1つは，退職された公務員，自治体公務員を，再雇用制度を適用して，2年とか3年とか雇ってもらう。あるいは，2年，3年じゃなくて，5年以上，もうちょっと延長して，被災自治体に就職してもらうと。それに対して公費を措置する，交付税措置するみたいなことまで踏み込めないか，ということも提案しているのです。こういうことも実際，有効ではないかと思うんです。

　例えば全国で住民基本台帳業務は共通ですし，あるいは先ほどの選挙でもそうです。どこの自治体でも選挙の基本は一緒です。ちょっと投票所運営のノウハウは違いますけど。それから，地方自治体の法定受託事務と言われるものは，一応，全国共通なのですから，それを担当できる職員を確保しようと思ったら，退職公務員で充当すればかなりできるんです。そういう人たちに定着，定住してもらうという方向もあるのではないか。「そこだったら行っても良いぞ。おれはそこで暮らしても良いぞ」というような人も募っても良いんじゃないかなというようなことも思いました。そのうち1つだけは実現しているなとは思います。というのが今の私の気分です。

　その後，東日本大震災特別財政援助法ですか，これが成立していることをそれなりに評価はしているのですけど，実は阪神・淡路大震災が終わった直後に，被災者生活再建支援法という法律もできているのです。ですから，それなりに法的な整備というのは少しずつだけど進んでいる。そのことはある程度評価してもいいかなと思いますが，もう一歩踏み込んで，災害特区として広範な地域を指定して，位田さんがおっしゃったように自治体の裁量権をできるだけたくさん与える。財源の裏づけも国として与えるというふうな踏み込みができれば，もっとスピードが進むんじゃないかなという気は私はしています。

山口　阪神・淡路の時点でいくつかの提案がなされ，実現した部分もありましたが，全部ではなかったということですね。

　では，金井さん，よろしくお願いいたします。

金井　大変いろいろな貴重なお話を頂いたと思うのです。選挙の問題というのは一つの典型的な話です。平時であれば国に実情を見てもらって，意を尽くせば国もそれなりに理解してもらえるというような話ができるのです。けれども，災害時になれば，そもそも情報を相互になかなかやりとりすること自体が大変です。災害になったら電話が通じないということがあるということでありますから，そもそも連絡が入ってこないということがあるわけです。だから，そういう意味では，自治体や市町村の判断でできなければ本当はおかしいということだし，そもそも市町村ができないと言っているのに国がやれと言っても，誰もできないのだから，結局できない。浦安市は結局，そういうことになったわけです。ですから，やっぱり結局，最後は市町村の独自判断というのが，一番，やっぱり大事になってくるんじゃないか。

　ただ，これは本当は別に災害時に限らず，本来，普段からそうであります。自治体ができないと言っているものを国がやれと言っても，できないものはできないわけで，それはもっと普通の時からも尊重しておく必要があります。あるいは現場の職員ができないと言ったものというのは，できないものはたくさんあるわけですから，そういう裁量を確保しておくということは，やっぱり大きな課題ではないかと思います。もちろん，裁量を狭めないと勝手なことをやられたら不公平になって，また窓口でもめるでしょう。もめて，現場で常識判断といっても，相手が常識が通じる相手とは限りません。こちらが常識で判断していたら，みんなも納得するというわけではないのです。そうすると，法で決まっていますからとか，一般的にこうですということで，とりあえずおさめようというのは，第一線でのやり方の一つではあるのですけれども，やっぱり最後は常識判断でいくということを職員の皆さんに頑張ってやって頂くしかないのです。

　先ほど中川先生のお話で，マスコミの中で非常識な人がいるということです。これは，こちらが常識で判断しても，どうしようもない人はたくさん出てくる。それでたくさん被害が起きるというのは，本当にあってはならないことなのですが，こればっかりは本当に仕方がないのです。国の役人にせよ，マスコミにせよ，評論家にせよ，誰にせよ，非常識なことを言

ってくる人はいっぱいいるわけです。そこを責任を持って判断していくしかないということかなと，伺いながら聞いていました。

　そういう意味では，やっぱりマンパワーです。仕事がたくさんふえているところに，人数がいないことにはどうしようもないということです。今回の災害で行政面では一番大きな試みだったのは，遠隔地から人をとにかくたくさん出そうという動きがあったことです。実は例えば夕張市が苦境に陥った時も，全国から職員を派遣することによって何とか支えようというような動きがありました。お金も大事なのですけど，まずマンパワーも大事です。人を現実に派遣していくという動きが，今回，とても良い方向だったというふうに聞いています。

　ただ，同時に，いろいろ私が聞いていくと，現場で人が来てもらうと，「こういうことをやってくださいね」と言わなきゃならないのが現地の職員なので，それが大変らしいのです。要は，現地職員が自分も忙しく働いているところに，「私，何したらいいでしょうか。助けに来ました」と言われても，「あなた，これをやってください」という，その指示を考える時間すらも惜しくて大変だったということです。そこら辺，こちら側からセットで行って，パッケージでというのはそういうことだと思うのです。あるいは既に仕事をしていた人が行くというのは，そういうことだと思うんです。そういう形がもっとうまくできていくと良いんじゃないかと思います。

　ボランティアも行きたいという人がたくさんいるし，現実に行った人もいる。じゃあ，そこで何ができるのかという差配が非常に難しいのです。そこら辺が今回，非常に大きな課題だったのかなというふうに思います。

　先ほどちょっと控室で佐藤さんに，「福島県庁，マンパワーが足りなかったんじゃないですか」と言ったのですけど，なかなか引きとめられるということもなく，3月末になったら地元にお帰り頂いたということでした。なかなか，やっぱりそこにいる人でもなかなかうまく使いこなせないというのは，やっぱり現場の大変なところなんだというふうに感じた次第です。

山口　ありがとうございます。聞いておりますと，やはり公務員ってまじめなんだな，ルールがあると守るんだなと感じました。

（休憩）

山口 お時間になりましたので再開したいと思います。
　それでは，4人目の報告ということで，立正大学法学部の位田さんから報告をお願いいたします。

位田 それでは，私は，本日はリスクマネジメントの観点からお話をさせて頂きたいと存じます。
　リスクマネジメントとは，社会において何か行政側がある一定の施策をとる時に，リスクに基づいて政策判断を行うことです。例えば津波対策の堤防をつくると津波の被害が発生しなくなるということは，その前に津波が発生するというリスクがあって，そして，その津波をもろにかぶると一定の金額の損害が出るし，人命も失われるというリスクがあります。そのリスクの金額が大きければ大きいほど，つまり予想される被害が大きければ大きいほど，護岸工事なり何なりをやっていかなければいけないという形で政策決定を行っていくという考え方です。
　リスクマネジメントそのものが法律で明文化されているかと言いますと，実は日本の法律上は，リスクマネジメントをやって，それを公共事業に反映させましょうという枠組みはほとんどありません。
　国土交通省がまだ建設省時代に，初めて道路局で1997年以降，リスクマネジメントをした上で道路をつくっていくと，通達のレベルで始めました。そして，現在の国土交通省においては，2004年2月になって初めて，防災事業において費用便益分析というリスクマネジメントを基にした分析手法が採用されました。
　以上のように，日本ではほとんどの場合，リスクマネジメントというのを法定化せず，通達レベルにとどまっています。リスクマネジメントが一番得意であり，その歴史もあるのはアメリカ合衆国です。アメリカ合衆国においては，既に1930年代から，こういうリスクマネジメントが，かなり原始的な形のものですけれども，法律上明文化され，特に河川の護岸工事において実施されてきました。

現在では，日本においても通達によって，リスクマネジメントを実施して，津波対策等の護岸工事やダムづくりを行っています。津波関係だけに限ってご紹介いたします。例えば海岸で津波が起きた時に発生する可能性のある被害をどうやって算定するかと言いますと，当然，津波が来て浸水して被害を受ける，その一定地域の家屋であるとか，農作物であるとか，あるいは公園，道路，その他の資産にどれぐらい被害が出るかというのを，過去のデータなどを参考にしながら試算します。そして，単年度計算ですとうまくいきませんので，当然，複数年で，50年というのが一般的な基準のようですが，50年に何回，被害が発生するか，その被害額を算定し，その総額はどれくらいになるかということを基にリスクマネジメントを行っています。

　ただ，これだと物的な資産にその対象が限られてしまいますので，人的な被害はどう考えるかということも問題になります。人的被害の計量については，現在，一番よく使われる方法は保険市場からの推定です。皆さんも生命保険に入ってみえるかと思いますが，生命保険の市場を調査した上で，死亡時の支払い等がベースになってきます。それと，どれぐらいの範囲の方が対象になるかを加味して算定していきます。いったん津波が起きた場合に，どれぐらいの方が被災して，その方たちが何人亡くなるかといったように積み上げていき，こういう被害が起きた時に，これだけの被害総額が出てくるので，ここにこれだけの堤防をつくるべきだといった計算式に基づいて堤防等をつくっていくことになります。

　ただ，ここでやはり大きな問題は，先ほど阿部先生もご指摘されていましたけれども，堤防をつくっても，大体50年程度しかもたないということです。特に海水がありますと，コンクリートは非常にもろくなります。従って，50年間そのまま放置しておいたら，50年間もたずに崩壊しますので，当然，改修工事をずっと継続します。ということは，先程の例のように，被害金額を算定していっただけですと，コストの計算が合わなくなってき

ます。実際、公共事業のかなりが、後々考えてみたら予想の金額よりも高くなったというのは、このような改修工事費や維持費の算定が不正確である場合が多いです。

　どうしても防災事業においては、本当にこのように金額を算定して積み上げていくと、かなりの部分で巨額な金額が必要になってきます。それでもあえて護岸工事をするかどうかと、こういう問題は確かに出てきます。

　私は、災害を完全に防ぎ切るというのは、莫大なお金がかかって、まず難しいと考えています。もちろん、ある一定のものについては、いろいろな規制をかけたり、公共事業を実施することによって防げます。例えば阪神淡路大震災以降、耐震構造規制を強化することで、震災時に倒壊する建物を少なくするといったようなことはできます。そういったことは、もちろん法規制でやっていかないといけません。では、今回の大津波が来たということで、日本全国のすべての堤防をより高いのにしますか。15メートルぐらいの堤防をそれこそ日本全国に本当につくっていくのかというと、これはかなり金額上、無理が出てきます。

　リスクマネジメントの観点からすると、防災に巨額のお金をかけていくよりは、むしろ災害がある程度起きてしまうというのは、もう織り込み済みにして、むしろ災害が発生した時の減災をいかに構築していくか、システム化していくかという点に、よりお金を向けていく必要性があるのではないかと考えられます。

　減災は簡単に言えば、災害が起きることを前提にして、その被害を最小限に食いとめていくという考え方です。これを実行しようとすると、先ほどのように情報が現場と国との間で途絶していたりとかといったようなことがあると、うまく機能しませんし、そのためには臨機応変に災害に対応する情報網をしっかり組織すると同時に、早くからリスク教育を学校においてもやっていく必要性があります。ここに住めばどういうリスクがあるか。そして、そのリスクに対応するために、あなたはどう考えて行動するのか、ということを小学校から徹底しておく必要性があります。

　例えば、これは震災とは異なり洪水についてです。私は三重県桑名市出身ですが、今、市町村合併で三重県桑名市に長島町というところが加わっ

ています。長島町は木曽三川と言われている，揖斐川，長良川，木曽川という3つの大きな川が流れ込んでくるその河口にまちがつくられています。当然のことながら，毎年のごとく水害に遭います。私は小学校低学年の頃にそこに行って，いかにここが，毎年，毎年，洪水に遭うかという話をされました。だったら，なぜこんな所に人が住んでいるんだろうと思うのですが，肥沃な土地なので作物がとれるというのと，長島には温泉がございまして，かなり多くの方を集めております。テーマパークもあります。そういう所ですので，皆さんリスク―台風被害に遭うということ―を承知の上で，そこに住んでみえるわけです。では，長島に住んでいる人たちは洪水の際にどうしているかというと，昔からある長島の家というのは，大体，輪中と言われている，家の周りがもう一つの堤防で囲われていて，そこでまずいったん洪水をとめます。それでもとめられない場合は2階に逃げます。2階に移っても逃げられない時には，実は屋根に舟がのっていて，それに乗って逃げます。このように長島の人たちは洪水についてのリスクマネジメントを行い，その上でリスクに備えているわけです。もちろん，洪水は地震のように急に来るのとは違って予測ができるので，あらかじめ逃げられるからという点はあるのですが，とにかく長島の人たちは昔から，リスクマネジメントをした上で逃げ出せる用意をしてきました。

　これとの関連で，愛知県の知多半島で，家屋に付属した救命いかだの開発を現在進めているそうです。これは台風であれば増水しても普通の舟で何とか逃げ出せますが，津波ですと舟で逃げ出すのは難しいので，家屋の一部がはずれて，そこに何人かが財産等や飲料水を持って，そのまま閉じこもることができるいかだです。津波が来たときにプカッと浮くようないかだの開発を，今現在，促進しているそうです。まだ完成しているわけではないですし，本当に大丈夫なのかどうかもまだわかりませんが，リスクマネジメントをした上で，それでもなお，そこに住もうということであれば，この種の工夫を凝らすということも必要になってきます。

　護岸工事で日本国土をがっちり固めるというのも一つの方法かもしれませんが，それはお金がかかり過ぎて難しい以上は，長島の知恵などを借りながら，こういう方法も考えると，より低コストで，でも，ちゃんと生き

延びる可能性が高まります。この方法だけに限りませんが，様々な方法を用いれば，高台移転を無理にする必要もないのかもしれません。

　それから，リスクマネジメントという意味では，最近注目を集めているのがキューバです。キューバはハリケーンがよく襲ってきます。これも震災とは話が違うんじゃないかと思われるかもしれませんが，キューバと長年対立してきたアメリカ合衆国ですら，ハリケーン・カトリーナ以降，キューバのハリケーン対策を参考にして対策を立てているそうですので，少しご紹介いたします。

　キューバはハリケーンが襲ってきた時には，軍隊も含めて即時に行動します。ハリケーンが襲ってきたら戦車も動員して，戦車に一般の人を乗せて逃げるわけです。国を挙げての退避行動が素早い。そのため，ハリケーン・カトリーナであろうとほとんど死者が出ません。災害が発生することは仕方がないということを，法制度上に組み込んでおいて，国を挙げて緊急時においてはこういうことができるということにしておく必要性があります。

　それから，キューバでは避難先での食料と燃料の確保を常時やっているそうです。しかも燃料は自然エネルギーをこういう時には使うことになっており，木炭などを大量に備蓄しているそうです。あっちこっちに備蓄することで，高台等へ逃げ出した時に，即座に救援が来なくても，ある程度過ごせるということです。この大学も広域避難所になっていますが，そこまでやっているのかなと疑問に思っています。食料を，乾パンのたぐいでも何でも良いのですが，備蓄しているのでしょうか。避難所として大学を使うということであれば，そこに一定量の食料とか燃料の確保，毛布の一つや二つ，みんなに行き渡るとかいったようなことも必要なのではないかと考えています。

　次に，原子力発電所が今回の震災では注目を集めています。リスクマネジメントという観点から若干コメントいたします。

　一つは，今まで原発の最大のメリットは電力を低コストで安定的に供給できるということだったと思います。しかし，ここで低コストと言われていますが，どこまでをコスト計算に含めるかによって，実は結構，試算が

まちまちです。よくあるパターンは，電力会社の負担としての建設費や燃料費，維持管理費といったようなものがコストとして計算されています。それだけ見ると確かに火力発電所とかを設けるより，ずっと低コストなのです。しかし，他にもいろいろなコストがあり得ます。例えば電源三法等による政府の地元への支援はどうでしょうか。あるいは原発ですと，どうしても核廃棄物が出ますが，核廃棄物の再処理技術の開発等にお金がかさみます。また，処理する場所が仮の場所しか日本にはないわけですが，その最終的な後始末をどうするかというのを考えざるを得ないわけです。そういったものを含めると，正直言って低コストではありません。

　それに何よりもリスクマネジメントの視点として忘れてはならないのは，今回のような事故です。昨日，東電が原発事故に関する中間報告を発表していますが，原子炉を冷却できなくなったことが事故の原因だという報告内容でした。それに対して識者からは，過酷事故が起こり得ないという原発安全神話が前提としてあったという指摘がありました。この過酷事故について，アメリカ合衆国においては，1980年代に，高裁判決で，"worst case analysis"をきちっと環境影響評価に組み込まないと，原発や超巨大タンカーはつくってはいけないという判断が出ています。

　原発をつくる際に，最悪の事態があるから原発の建設をやめろと言っているわけではありません。もちろんエネルギー政策上，必要なら必要，不要なら不要という議論はまた別に必要です。しかし，過酷事故のシナリオを，なぜきちっと考えておかないのかということは問題です。冷却装置が津波によって外れたからこういう事故が起きた，というだけで済まされる問題ではなくて，冷却装置が外れることを念頭に置いて考えておかなかったというのは，リスクマネジメントとしてはかなり杜撰なのではないかと，"worst case analysis"の考え方からはこのような疑問が出てきます。実際，IAEAの基準では，過酷事故のマネジメントをきちっと行うようにというのが基準としてあるわけですが，これができていないのではないかということです。そういった点で，リスクマネジメントという観点からは，かなり疑問を感じざるを得ない状況かと思われます。

　では，ここまでとさせて頂きます。

山口　ありがとうございました。リスクマネジメントに関する一般的なお話と原発への具体的な適用のお話でした。

中川　大変，私も触発されました。リスクマネジメントの何たるやというのが，本当に国民的常識になっていないんだなという感じがします。とともに，実はもう日本全国，災害多発状態にもうなっているという現実を我々は共有するべきではないでしょうか。阪神・淡路大震災で長い間，大災害は起こらないという夢から覚めてしまったわけですけれども，その後，鳥取大地震，玄界大地震，中越大地震，能登沖大地震と，もうたくさん群発地震が起こっています。

　それだけではありません。もう東日本の断層が動いたことによって，海底断層が動いたことによって，日本の全部にある3,000近い活断層，これ，全部がもう80％ぐらい前よりも地震が起こる確率が上昇したと言われているのが新聞にも載っていました。東日本もこのひずみを受けるだろうということですので，大変怖い。あすは我が身という気持ちになることが今回大事なんじゃないか。つまり，あすは我が身という気持ちで，今の東日本の大震災の被災地を，私たちもともに生きるというつもりで見るという，そういう国民的な感情がもっと大事かなと思います。

　それだけではありません。地震だけじゃなくて，局地的大豪雨がこのごろあっちこっちに多発しています。ゲリラ豪雨と言われるやつです。私がこれを生まれて初めて経験したのは，まだ現役の広報課長だった時に，北大阪集中豪雨というのがありまして，時間降雨量80ミリでした。その時には大阪国際空港が国際線を関西空港に移した3日か4日後だったんですけど，空港が水深約30センチの池になりました。これはまるで関空へ地位を奪われた国際空港の末路をあらわしているのかと思うぐらい情けない風景でしたけど，本当に今まで見たことない風景が現出したわけです。

　私の役所の1階も水没しました。地下にあった20数台の公用車は冠水して全滅です。以後はこの80ミリを超えるような集中大豪雨が，あっちこっちで起こっています。ですから，まさしく今，位田さんがおっしゃったリスクマネジメントが重要です。さらに，災害を防げるという思い上がりは，もう捨てる必要がある。むしろ，いかにそれを軽くするか。そこからいか

に人命の損傷を防ぐかという発想が必要なのではないでしょうか。

　今申し上げたような集中豪雨で，ご記憶でしょうか，福岡で地下街に勤めておられた女性の方が，脱出しようとしても地上から流れてくる水流のために逃げ切れずに，水没して溺死されたという痛ましい事件がありました。こういう都市型災害も起こっているわけです。ですから，自分の住んでいるところだけは絶対大丈夫というのは，これは本当にもう僕は思い上がりだと思っています。そういうことを今教えて頂いた気持ちがします。

山口　どうもありがとうございます。せっかくの機会ですので，フロアから2，3人，自分の意見というよりも質問という形で頂ければ，ありがたいのですが，ご質問のある方，挙手をお願いできますでしょうか。

質問者1　私は1975年から5年間，スウェーデンの会社が日本で新しい会社を設立するということで，関連の仕事をしていたのですけれども，そのときに感じたリスクマネジメントというのが，シートベルトなのです。シートベルトを開発して基準をつくったときの努力は，実際の事故を技術者と医者が現場へ行って調べて，何年間も何万台も調べたのですね。

　この結果，3点式シートベルトをつくって，特許をとらないで，全部，世界に公表したのです。今，我々の車には，みんな3点式ベルトがついているんですけれども，想定外とか想定内の事故というのは，そういうことなんですよね。想定内，想定外と原発の事故の時に言われましたけれども，それはそんな簡単なものじゃないということをその時に痛感した覚えがあります。

山口　ありがとうございます。位田先生への質問なのですけれども，もうおひと方，いらっしゃいますので，質問の内容を伺ってから，まとめてお答えすることにします。では，よろしくお願いいたします。

質問者2　マスコミは叩くのが商売，自治体や政治家は叩かれて何ほとの立場という話を聞きましたが，確かにそのとおりかもしれません。しかし，マスコミは報道の自由のみ言って，責任感がなさ過ぎる。誤報ややらせは重大な犯罪ではなかろうか。もう一つ，自浄能力が一番ないのが，マスコミなのではなかろうか。今日，10年来思ってきたのは本当なんだなと，つくづく思いました。このマスコミの思い上がりをどうやったらなくせるの

か。また，震災でも何でも，直らなければ繰り返し，そのために追い込まれて自殺をする人がいるというのは，これは殺人罪になる。死んでいく人の思いはどうするんだろうというような，本当に今日，中川先生の話を聞いていて，実際，切なくなりました。そこのところをもうちょっと考えてもらいたいなと。

山口 ということで，中川先生への質問ということでよろしいですか。それでは，お2人に限らせて頂きます。まず最初に，シートベルトの話です。位田先生に対して，想定外と想定内，費用の問題も含めてお願いします。

位田 シートベルトに関しましては，今，お話を頂いたのはスウェーデンですが，アメリカ合衆国においても1980年代の前半に，シートベルトの問題が議論されています。

　膨大な研究をベースにしての予想ということなのですが，アメリカ合衆国のシートベルト事件というのは，エアーバッグがその当時出てきたわけなのですけれども，エアーバッグを装着すればシートベルトは外していて良いのかどうかとかという，そういった視点から起きた，連邦政府の規則の改正に絡んで出てきました。判決文でも膨大な研究データが出ています。私もその判決文を読みましたが，いろいろなことを検討した上で結論を出しています。ただ，政策判断する時というのは，そのデータに基づいてやって頂いているのですが，それでもすべてが反映されて政策判断ができているわけでもないということを，私はそのアメリカの事例から感じました。最後の段階においては，政策決定者にどうしても委ねざるを得ない面があって，そこのところでより客観的なデータを集めるという役割で，例えば先ほどのリスク評価等をしっかり取り入れるということになっているかということです。

山口 ありがとうございます。では，もう一つの質問で，マスコミと，その社会的な責任について，中川さん，コメントをお願いします。

中川 マスコミを一方的に批判するつもりは毛頭ございません。ただ，ありていのことを申し上げたつもりです。さらに，不公平な立場で物を言っているとは思っていません。

　皆さん，ご記憶ありますでしょうか。阪神・淡路大震災と並行して，そ

の直後に，オウムのサリン事件が起こりました。その前に松本サリンがありました。あのときに河野さんを犯人扱いしたということは事実ではありませんか。あの反省がどれほどされているのか。いまだにしっかりと反省がされていないと思っています。つまり，一つの流れができると，その流れに安易に乗っかって報道するということは良くないわけです。

基本的には，新聞も商売なのです。マスコミ，テレビも。スポンサーを失ってしまうと経営できない。当然，そのスポンサーに対しては遠慮します。

今回のような福島原発の問題が起こったからこそ，東電のコマーシャルについては，向こうさんがご遠慮なさっているから，テレビ局も遠慮していないわけですけど，それ以前は，やっぱりそれに対する遠慮はテレビ局はしていたと思うんです。それがスポンサーになっているものに関してはね。

だから，「そちらさんもご商売でしょう？」というのが，私の言い方です。第四権力であるかのような，司法・立法・行政の第4番目の権力であるかのような思い上がりをどこか自制して頂きたい。また，報道に関してはもっと節度を持ってもらいたいし，内部倫理をもっと高めてもらいたいと思う。

刑法上，有罪にならない限りは無罪と推定するという原則だって，新聞紙上では，日本ではつい最近まで守られていないと私は思います。容疑者を即犯人扱いするなど，ほんの十数年前まで当たり前だったじゃないでしょうか。まだ日本のマスコミは成長途上。もっともっと鍛えられなければあかんと思います。

ちょっと卑近な例を申しますと，大阪ではダブル戦争なんて言って，あおり立てられていますけど，これはマスコミがあおり立てたと私は思います。A候補とB候補の両者の紹介をだんだん公平に扱うようになったのは，中盤から後半です。前半は，圧倒的にマスコミ露出度は片一方の候補の方が多いです。そういうところも含めて私は公平であるとは思っていません。

私の娘がテレビを見ていて，娘はA候補を支持していないんですね。B

候補の方なのですけど。A候補にばっかりコメンテーターなりアナウンサーなりが好意的な意見を流して，しかも時間が2分か3分，とるわけです。B候補の方は，たった30秒で打ち切ったのですね。娘，激怒しましたね。「こんなの公平じゃない」と。その時，私，娘に言いました。「だったら，電話番号を調べるから，あなた自身が行くか，あるいは電話するか，はがきを一本出すなりして行動しなさい」と言いましたら，彼女はやりました。そうするとやはり反応があったのです。たくさん抗議が来ましたと，次の日にコメントを流していたみたいです。公平性を欠くということを，おしかりを受けましたと。

　やっぱり皆さん，行動すべきなのです。黙っていたってだめだと思います。いかにマスコミといえども，こちらからアクションを起こさない限り，自分の位置がわからない。新聞ならば講読を中止する。「だめだ」とはっきり言っていくと。テレビならば，抗議をする。そういうような，いろいろな方法があります。

　ただ，このルールに一切従ってくれないのが週刊誌ですね。これだけは私もどうしようもないと思っておりますけれども，新聞，テレビとはちょっと違います。それも含めてマスコミと言っている面がありますので，ご了解ください。

山口　ありがとうございます。こういったテーマは，さらに深められると思いますが，テーマを大震災に戻し，これまでの議論を聞きまして，阿部先生からコメントを頂きます。よろしくお願いいたします。

阿部　阿部泰隆です。パソコンにいっぱい入れているので，どういうふうに短くしようかと，今，悩んでいるところでありますが，いろいろな話がありまして，ちょっと私も整理できないです。

　最初に，災害って，本当にその時その時で違います。前例を見て，同じようにやれば良いと思ったら大間違いです。今回の震災が，完全にそうでした。それで，次，関東大震災，南東海地震が来る時，また違うでしょう。それで，前例から学べるところと新しく起きる問題の対応と，両方考えなければいけませんが，どうも集団ヒステリーが多いようです。阪神淡路大震災の時は，先ほど申し上げたように，すぐ，まちづくりだと言って，巨

大な土木工事を始めて、だいぶ失敗しました。それから、意味のないことをやっているというので、私は今回の高台プランは1,000年後に笑われる世界の三大馬鹿公共事業であるという説なのです。

　それで、それぞれについて合理的な思考が必要です。今までお話しになったところでは、まず役人の硬直的な頭というのをどうするかという話です。法律があれば、みんなそれに従ってしまうというようなお話がありますが、法律といったって憲法ではありませんから、法律がおかしいかどうかを考えるぐらいの力、運用する力、このぐらいのことは少なくとも大学では十分学んでいるはずです。私は私の授業を聞く学生に、マスコミへ行くなら私の授業を聞け、役所へ行くなら私の授業を聞けと言っています。

　この点、マスコミの人材って、学部問わずに適当なところに配置して、オンザジョブトレーニングで現場が大事だなんて言っているけれども、何にもわからない者が現場で一生懸命勉強するといったって、ゼロの積み重ねは永久にゼロです。やっぱり基礎があって、いろいろな学問の背景があって、現場で積み重ねて良くなるので、「学者のやっていることは聞かない。おれは現場だ」なんて言っている人は、大体怪しい人です。学問だけでもだめだというのは、私はわかっていますが。

　マスコミって、本当に法律も政策も何にもわかっていなくて、自分の思いつき、自分の思い込みでやっている人が非常に多いので、マスコミから批判された時は、私は、市長が言えば良いと言いました。「避難所は１週間、仮設は２年で、その後、どうしてくれる？」なんて言われたら、市長が、「それは普通の災害の時の制度であって、おれが責任をとるから、とにかく皆さんが行き場が見つかるまでは、ちゃんといて頂く」と言えば良いのです。それを市長は言わないで、広報課長が言ったというアホな話です。

　阪神淡路では、避難所へ行った時に、飯代、いくらだったと思いますか。850円です。その時泥棒をやって、警察に捕まって、いくらの飯が食えたと思いますか。1,100円です。厚生省と警察庁って、別だからと言われますが、こんな縦割りだから、非常識なことが起こります。それで、神戸市が厚生省と交渉して、飯代がアップされたのは、その３月になってからな

んですね。とにかく柔軟な考え方ができていません。だから，この被災の時に選挙をやれといった話が出てきます。

　私は原発の話も，避難者支援法を直ちにつくるべきだと，まず金を払って，後で東電から取り返す法律をつくれば良いと主張しています。

　風評被害という話がありましたが，あれは枝野官房長官の不注意な発言が原因です。枝野官房長官は福島と言っちゃったでしょう？　だけど，今回の原発は福島原発と名前をつけたのが悪いのです。直ちに双葉原発と名前を変えれば，双葉だけの問題になります。福島原発なんて言うから，何の関係もない会津までが危ないと言われてしまいました。だから，ああいう時は，さっと名前を変えるんですよ。水俣病というのがそうで，水俣病という名前をついたから，水俣の町全部が悪い，心配だと言われたわけです。だから，私に官房長官をさせてくれたら，直ちにあれは福島原発じゃないと言ったはずです。

　それから，わが国は，前の被災で学んでいるはずですが，実は全然学んでいません。例えば，最初の頃のテレビでは，被災者の数の想定が問題です。死者何十人なんて言うから，たいしたことないと思われました。だけど，あれは発見された数です。だから，そうじゃない。想定しなきゃいけないので，阪神高速がガサッとひっくり返ったり，大津波でガサッと流されたら，もう死者何万人と言えば良いわけです。私は今回は最初から死者数万人だと思いました。だから，直ちに，当日に全ての自衛隊から何から動員して，消防や警察も動員してやらなければいけないと思うのに，だいぶ遅れたはずです。

　それで，私は，法律は無視してはいけないが，しかし，合理的運用をすべきですし，合理的な法律をつくるべきだということを言っています。この点について，金井さんの報告で出てきていましたが，原発の停止要請が問題です。菅首相が言ったけど，あれは法律がないから停止要請をするとか言って，それで中部電力は従ったわけです。こんなのおよそ法治国家ではあり得ません。こんなのヒトラー以上です。ヒトラーだって全権委任法というのをつくりました。そうじゃなくて，あれはちゃんと電気事業法の基準を変えれば良かったのです。法律改正するまでもなく，基準をさっと

変えて、「大津波が来た時は危ないところは改善しなさい。それまでは停止です」という命令を出せるんですよ。それを全然わかっていない。法律に基づかずに日本国の首相が、実質は命令に等しい要請をするのだから、およそ法治国家としては考えられない事態です。緊急ですからといったって、そんなものは直ちに改正をすれば良いんだから、一日でできます。

そうすると、さっき建物の全壊、半壊の話をしました。あれも、全壊、半壊なんていうのは法律には定めがないのです。いい加減な役人の運用に従って、現場は苦労して間違っているんだから、全壊、半壊の区別で金をやるなんて、わが町ではやりません、罹災証明書も出しませんと言えば良いのです。何なら国がちゃんと法律をつくって、国家公務員がやれと言えば良いんですよ。それにもかかわらず、日赤までがそれに倣って義援金に差をつけるから、現場は非常にひどい目に遭っているわけです。

それから、先程、飛行機から物を投下するということで、官僚の硬直した考え方について説明しましたが、「仮設住宅では商売をしてはならない。仮設は住むところだから」と、前回の震災の際に言われました。それで、私はそんな馬鹿なことはない、とにかく食わなきゃいけないんだから、迷惑にならない商売はさせるべきだと反対しました。そして、「あんまさんだったら、あそこでやったって良いだろう」と言ったら、今回、やっとあんまさんは仮設でやっても良いという通達が出ました。それはわが愛する福島市の目が見えない人の図書館の館長さん（中村雅彦氏、今回『あと少しの支援があれば 東日本大震災障がい者の被災と避難の記録』（ジアース 教育新社）という本を出版した）が私の本を読んで、それで私の本を持って厚生労働省へ行ったそうです。それで、あんまさんも仮設で商売して良いとなったそうです。このように、頭の固い官僚が仮設じゃあ商売しちゃいけないから、あんまさんもだめだと言っていたんです。信じがたいことをやっているでしょう？

今回、腹が立っているのが、インターネットで薬を販売しちゃならないという厚生労働省の方針です。この問題については、私は憲法違反訴訟をやっているのですが、一審は厚生労働省の方針は合憲との判決を出しました。ネットで買うと副作用が心配だ、病気になるとか言っていますが、今

回，被災地には薬局がありませんから，被災地にネットで薬を売ったら，だいぶ助かったんですよ。今，離れ島にはネットで薬を売って良いんです。それであれば，被災地はそんな離れ島以上の異常事態なんですよ。厚労省の役人は，硬直化していて，人の命を助ける役所なのに，人を殺している役所なのです。とんでもない，不逞の輩の集団と，私は言っています。
(この訴訟は東京高裁では、平成24年4月26日勝訴しましたが、国が上告しているので、いまだネット販売は禁止のままです)。

　それから，新聞社も馬鹿なことばっかり言っていますので，新聞社が応援したのが良い政策とは限りません。私が兵庫県の御用学者になれなくて外されちゃった大きな理由は，地震共済に反対したからです。慶應の経済学部のある教授が地震共済をつくれと言ったら，兵庫県知事が飛びついちゃったんですね。だけど，あんなアホな提案は，経済学者には考えられない。100年間，ずっとみんな保険料を払っていたら，100年でトントンになり，途中で大地震が起きたら，そこでバーッと払って，巨額の借金して，あと，ずっと保険料を取ってトントンになるというのが兵庫県の制度設計です。もう一回地震が来たら，もう借金は無理です。地震は1回しか来ないことが前提です。そうすると，誰も保険料を払いませんから，兵庫県の巨額な借金は解消されません。とくにかく100年間もつ制度なんて世の中にはありません。すぐつぶれます。だから，そういうことを私が指摘しました。しかも計算も怪しいですしね。そんなことがもしできるんだったら，今の地震保険もできるはずですが，現状は地震保険も経営が苦しいのです。ついでに地震保険についてですが，阪神の時に安かったらといって，5,000万円まで出すことになったのです。だけど，国が大幅に負担するんですね。住める家をつくれば良いので，1,000万円も出せば上等なのに，1,000万円じゃあ安いと言われて，5,000万円にしたんです。とんでもない制度ばっかりやっています。それで，マスコミはそういうことをわかっていなくて，みんなが地震共済をつくれと騒いでいます。

　あと，住宅再建に公金を出せと，みんな言っていて，できないと普通は言っているのに，鳥取県知事はやったと褒められているわけです。だけど，私はインチキだと思います。理由は，重傷者の面倒を見ていないからです。

鳥取では，重傷者はあまりいなかったはずですが，重傷者がいたら重傷者から面倒を見るべきです。その後で家だというのが私の言い分です。重傷者を無視して家だと言って，立派な政治家だという議論はおかしいでしょう。少なくとも，重傷者，死者がたくさんいる他の大災害に一般化してはなりません。

　あと，神戸に地震が来ると警告したのに，神戸市は対応していない，けしからんと，マスコミはさんざん言っていました。だけど，あんなアホなことはありません。神戸に地震が来たら，その時は大変だと，誰でもわかっています。問題は，地震がいつ来るかということです。神戸は地震の巣だと言ったはずだと言われても，日本は全部，地震の巣ですよ。そんなこと言ったら，富士山が爆発したら大変です。富士山は活火山ですから，いつ爆発するかわかりませんが，誰も逃げ出していません。しかし，神戸では，来たら大変だという警告だけで，従わなかったって，さんざんマスコミは非難したのですよ。大災害が起きると，方向感覚を失って，とにかく何てクレージーな，常識もわかっていない，普通の議論ができない人たちが大勢います。

　それで，マスコミの方は，もっと常識を勉強した方が良いでしょう。マスコミへ行っている人は秀才だとみんな思っています。つまらないテストをやって，点数とれたら秀才ですから。だけど，入学試験とかあんなテストができたやつは，全然秀才じゃありません。私も世間で言ったら，そういう大秀才ですが，あんなことができたって，何の役にも立ちません。何が真っ当かという判断する力が大事です。そのだめな人がマスコミに多数いるわけです。

　裁判官には本当に困ったものです。だって，ネットで薬を買ったら，病気になるかもしれない，だから，ネットで売ってはいけないと言うけど，そういう実例は1つもないんですよ。1つもないのに，危ないから，心配だからだめと言っています。そんなこと言ったら，飛行機にも車にも乗れない，結婚するな，子どもも作るな，今日もここに来るなということになりますよ。こういうアホな裁判官があちこちにいて，非常に苦労しているのです。

　　　　私は，来年4月からは大学を定年になり，弁護士をやりますから，良い事件を持ってきてください。
　　　　いろいろ言ったら長くなっちゃったけど，そういうことで終わります。
山口　ありがとうございます。阿部泰隆節，大炸裂になりました。
　　　それでは，最後に，今日の感想を位田さんから短めにお願いします。
位田　阿部先生が震災に関して書かれた『大震災の法と政策』は，非常に良い本です。阪神のことだけに限りません。今後，関東大震災等が起きるかもしれませんが，その対策等が，非常に詳しく書かれていますので，ぜひ皆さん，手にとって頂ければと思います。ご清聴，ありがとうございました。
佐藤　私の発言は，今回のシンポジウムの趣旨とちょっとずれていた部分もあったのですが，思うところは，この震災を忘れないでほしいということですね。やはり，このまま忘れられてしまうのが一番つらいことだと思います。福島県は放射能汚染の問題があり，ふるさとに戻れない方がたくさんいらっしゃいます。福島は復興したと言えるまでには多くの時間がかかるでしょう。応援疲れがあるかもしれませんが，被災された方はまだまだ終わっていないのです。だから忘れないでいてほしいということが一つです。
　　　それから，風評被害について，南会津町の環境放射線量0.04～0.08マイクロシーベルトとなっており，もしかしたら関東よりも低い値かもしれません。福島県をひとくくりに考えられてしまうとこがあるのですが，県内には放射線量が低い地域がたくさんありますし，そこで普通に生活しているのです。間違った情報や偏見が風評被害を広げることになってしまうので，どうか冷静に考えて頂きたいと思います。
　　　以上です。ありがとうございました。
金井　震災の時に一番重要なのは，冷静に考えられるかというのが一番大きいかなというふうにつくづく思います。みんな気が立っていますから，その場で何とかしろと言います。そこで，どれだけ冷静な議論ができるのかなというのが，多分，一番大事なんじゃないかなと思います。
　　　私が時々，ちょっと心配するのは，政権批判，自治体批判と同じように，

やっぱり同じタイプとしてはマスコミ批判というのが出るんです。これも冷静に，おかしいマスコミとまともなマスコミをちゃんと区別するということができないと，また同じようなヒステリーになってしまうんじゃないかなということだけは心配なのです。要は冷静に議論するというのは非常に難しい。かといって，冷静に議論してデータが出るまで言えませんと言うと，今度は逆の想像力不足という問題に直面します。慎重に確認しないと被害規模は言えませんというのでは，対策が後手に回ってしまい，だめだというのがわかっているのです。そこが一番，災害の難しいところだと思うんです。冷静にやらなければいけないけれども，情報が不完全な中で決めなければいけない。そういう難しさを非常に感じたところです。

　どうもありがとうございました。

山口　順番的には中川さんなのですけれども，最後に，自治体学会からのごあいさつを頂きますので，その際にあわせて感想も頂きたいと思っております。

　皆様方，最後までおつき合い頂きまして，誠にありがとうございました。何がしかの知的なお土産をお持ち帰り頂ければ，本当にうれしいと思っております。このパネルディスカッションは，いったん終わりまして，最後のごあいさつに移ります。

司会　パネリストの皆様，どうもありがとうございました。

　それでは，最後に主催者，共催者として，自治体学会代表運営委員の中川幾郎先生よりごあいさつを申し上げます。中川先生，よろしくお願いいたします。

中川　皆さん，本日はどうもありがとうございます。立正大学法学部創立30周年を記念した，この大変記念すべきシンポジウムに，私も自治体学会と共催ということで出席させて頂いたことに，大変感謝いたしております。共催に至りました経緯は，そんなに難しい話ではございません。今年の3月の東日本大震災を受けて，学会としても，この1年間はこの震災と本気になって取り組もうということになりました。いったん所沢で開催するはずの大会が震災によりお流れになりつつあったところ，地元会員の努力で

自主開催することができたということと，法政大学で本大会を繰り上げて開催するということになりました。いずれも震災をテーマとしております。その流れを引き継いだ形で，この立正大学で，山口先生がシンポジウムをやろうということをおっしゃって頂き，それも自治体学会と共催にしたいとおっしゃって頂いたので，大喜びで共催団体に名を連ねさせて頂いた次第です。大変感謝しております。

また，この共催団体は立正大学法学部・法制研究所が私どもとの共催団体でございますが，さらに協賛団体としまして熊谷市さん，立正大学研究推進・地域連携センターさんにも名を連ねて頂いております。これらの諸団体にバックアップして頂きました。大変感謝いたしております。

なお，ここに至るまでの間に，事務局の方から随分とご親切に，かつ丁寧に何度も調整のご苦労をおとり頂いております。それらの皆様方にも心から感謝を申し上げたいと思います。どうもありがとうございました。

今日のシンポジウムは，山口法学部長のご企画でもあろうと思いますが，いかがでしたでしょうか。皆様方にも何か得て頂いたものがあろうと思います。東日本大震災は決して地方に限られた事件ではない，私たち日本国民全てが取り組まねばならぬ共通の課題として，これからも立ち向かっていかねばならないという，そういう思いを新たにいたしました。

当学会も，今現在，二千弱の会員がおりますが，その中には，かつて自治体に勤めながらも，やがて地方議員さんや衆議院議員になったり，あるいは参議院議員になったり，現在，知事または首長におられる会員もおります。そういう意味では，私どもの学会の今後，これからの取り組みにも，皆様方のご期待を寄せて頂ければ，我々も元気が出るというものでございます。併せましてどうか自治体学会にもご加入をくださいますようお願いいたします。なお，現在，議会議員さんの加入が急速にふえております。以上，ちょっと口幅ったいことを申しましたが，ごあいさつと御礼の言葉とさせて頂きます。どうもありがとうございました。

〔了〕

【執筆者・パネリスト紹介】
＊肩書きはシンポジウム当時のもの

阿部　泰隆（あべ　やすたか）
　　神戸大学名誉教授・弁護士
山口　道昭（やまぐち　みちあき）
　　立正大学法学部長
中川　幾郎（なかがわ　いくお）
　　帝塚山大学法学部教授
金井　利之（かない　としゆき）
　　東京大学大学院法学政治学研究科教授
佐藤　亜衣（さとう　あい）
　　南会津町総合政策課主事
位田　央（いんでん　ひろし）
　　立正大学法学部准教授

グリーンブックレット　9
大震災の法と行政
―立正大学法学部創立30周年記念シンポジウム―
2013年10月1日　初版第1刷発行

編　集　立正大学法学部
　　　　立正大学法制研究所
発行者　阿部　耕一

162-0041　東京都新宿区早稲田鶴巻町514番地
発行所　株式会社　成文堂
電話 03(3203)9201(代)　Fax 03(3203)9206
http://www.seibundoh.co.jp

印刷・製本　藤原印刷
☆乱丁・落丁本はおとりかえいたします☆
© 2013 立正大学法学部・立正大学法制研究所
ISBN978-4-7923-9237-6　C3032

定価（本体800円＋税）　　検印省略

グリーンブックレット刊行の辞

　グリーンブックレットの刊行は，立正大学法学部の日頃の教育研究活動の成果の一端を社会に還元しようとするものです。執筆者の個人的な成果ではなく，組織的な学部プロジェクトの成果です。私たちが高等教育機関としてその社会的使命をいかに自覚し，どのような人材育成上の理念や視点を貫きながら取り組んできているのかが，シリーズを通しておわかりいただけるはずです。したがって，グリーンブックレットの刊行は私たちの現状の姿そのものを世間に映し出す機会であるといっても過言ではありません。

　グリーンブックレットの「グリーン」は，立正大学のスクールカラーです。これは，大学の花である「橘」が常緑であることに由来するもので，新生の息吹と悠久の活力を表しています。現在の社会の抱えるさまざまな問題や矛盾を克服することは容易ではありませんが，次の社会を支える若い世代が，健全で，勇気と希望を持って成長し続ける限り，より良い未来を期待する事ができるものと信じます。そうした若い世代の芽吹きの一助たらん事を願って，このグリーンブックレットを刊行いたします。

2009（平成21）年12月

　　　　　　　　　　　　　　　　　立正大学法学部長
　　　　　　　　　　　　　　　　　鈴　木　隆　史